城乡规划建设与管理探索

张慧 范垂戎 徐环宇 著

辽宁大学出版社 沈阳
Liaoning University Press

图书在版编目（CIP）数据

城乡规划建设与管理探索/张慧，范垂戎，徐环宇著. --沈阳：辽宁大学出版社，2024.12. --ISBN 978-7-5698-1836-9

Ⅰ.F299.23；TU984.2

中国国家版本馆 CIP 数据核字第 2024YK3179 号

城乡规划建设与管理探索

CHENGXIANG GUIHUA JIANSHE YU GUANLI TANSUO

出 版 者：	辽宁大学出版社有限责任公司
	（地址：沈阳市皇姑区崇山中路 66 号 邮政编码：110036）
印 刷 者：	沈阳市第二市政建设工程公司印刷厂
发 行 者：	辽宁大学出版社有限责任公司
幅面尺寸：	170mm×240mm
印 张：	14.5
字 数：	220 千字
出版时间：	2024 年 12 月第 1 版
印刷时间：	2025 年 1 月第 1 次印刷
责任编辑：	李珊珊
封面设计：	韩 实
责任校对：	吴芮杭

书 号：ISBN 978-7-5698-1836-9

定 价：88.00 元

联系电话：024-86864613
邮购热线：024-86830665
网 址：http://press.lnu.edu.cn

前　言

在人类文明的漫长历程中，城乡规划始终扮演着至关重要的角色。它不仅关系到城市的有序发展和乡村的和谐进步，更是实现社会经济可持续发展的关键。随着全球化和城市化的加速推进，城乡规划面临着前所未有的挑战和机遇。

本书的每一章都是对城乡规划不同领域的深入探讨。第一章为我们奠定了基础，从城市与城市化的概念出发，介绍了城乡规划的基本内涵、思想和理论，以及城乡规划的重要性和基本原则。这一章为读者提供了一个宏观的视角，帮助理解城乡规划的全貌；第二章则转向更为具体的规划实践，包括区域规划、城镇体系规划、乡镇规划和村庄规划。这一章详细阐述了如何在不同尺度上进行空间规划，以促进城乡的均衡发展和空间结构的优化；第三章关注于城乡基础设施建设，特别是给水和排水系统。这一章不仅讨论了基础设施规划的重要性，还提供了具体的规划方法和技术，以确保城乡居民的生活质量和环境的可持续性；第四章则将视角转向生态和环境，探讨了生态学基础、城乡生态与环境要素，以及如何进行生态环境建设规划。这一章强调了在城乡规划中融入生态智慧的重要性，以实现人与自然的和谐共生；第五章"智慧城市与规划信息化探索"紧跟时代步伐，探索了智慧城市的规划设计，以及生态智慧乡村的规划设计。同时，这一章还讨论了城乡规划管理信息化体系的建设与应用，展示了信息技术在提升规划效率和质量方面的潜力。最后一章则聚焦于规划的实施过程，包括国土空间规划的实施管理、文化和自然遗产的规划管理，以及城乡规划的监督检查。这一章为读者提供了规划实施的策略和方法，确保规划能够有效地转化为实际行动。

在本书的写作过程中，我们深感城乡规划领域的广博与复杂。每一章节的写作都是对我们知识和经验的一次挑战，也是一次学习和成长的机会。我们尽力将最新的研究成果、实践经验和理论思考融入书中，以期为读者提供有价值的参考和启发。然而，我们也清楚地意识到，城乡规划是一个不断发展和变化的领域，本书所涵盖的内容可能无法完全覆盖所有最新的发展和趋势。我们欢迎读者的批评和建议，以便我们能够不断改进和更新我们的知识体系。

我们要感谢所有为本书的写作和出版做出贡献的人，包括我们的同事、学生、以及在城乡规划领域辛勤工作的专业人士。没有他们的支持和帮助，本书的完成是不可能的。我们也希望本书能够成为城乡规划领域的一份有益的参考资料，为推动城乡的可持续发展贡献一份力量。

作　者

2024 年 10 月

目 录

前言 …………………………………………………………………… 1

第一章　城乡规划概述 ………………………………………………… 1

　　第一节　城市与城市化 …………………………………………… 1
　　第二节　城乡规划的概念 ………………………………………… 8
　　第三节　城乡规划思想与基本理论 ……………………………… 17
　　第四节　城乡规划的重要性与基本原则 ………………………… 24

第二章　城乡空间规划 ………………………………………………… 30

　　第一节　区域规划与城镇体系规划 ……………………………… 30
　　第二节　乡镇规划 ………………………………………………… 42
　　第三节　村庄规划 ………………………………………………… 58

第三章　城乡给排水设施规划 ………………………………………… 73

　　第一节　城乡给水基础设施规划 ………………………………… 73
　　第二节　城乡排水基础设施规划 ………………………………… 96

第四章　城乡生态与环境规划 ………………………………………… 116

　　第一节　生态学基础 ……………………………………………… 116
　　第二节　城乡生态与环境要素 …………………………………… 130

第三节　城乡生态环境建设规划 …………………………………… 143

第五章　智慧城市与规划信息化探索 ………………………………………… 156

　　第一节　智慧城市及其规划设计 …………………………………… 156
　　第二节　生态智慧乡村规划设计 …………………………………… 165
　　第三节　城乡规划管理信息化体系的建设与应用 ………………… 175

第六章　城乡规划的实施管理与监督 ………………………………………… 188

　　第一节　国土空间规划实施管理 …………………………………… 188
　　第二节　文化和自然遗产规划管理 ………………………………… 203
　　第三节　城乡规划的监督检查 ……………………………………… 214

参考文献 …………………………………………………………………………… 221

第一章 城乡规划概述

第一节 城市与城市化

一、城市的形成与发展

（一）城市的形成

城市是人类文明的主要组成部分，随着人类社会生产的发展和社会分工的出现，在原始社会向奴隶社会过渡的时期，由原始居民点分化而形成的。人类社会大分工是城市形成的直接原因。城市的形成与人类技术的进步和阶级的产生是密不可分的。

（二）城市的基本职能

城市职能是指其在地区、国家乃至全球事务中所起的作用及所承担的分工。从一般意义上讲，城市拥有三大职能：社会政治职能，即城市的行政管理职能；经济职能，即城市内部的经济活动状况及其在区域中的地位和作用；文化职能，即城市的科学、教育、文化传统、生活方式、价值观等对城市本身发展及城市以外空间的影响力。城市作为一个复合功能的集合体，通过集聚效应、规模效应、组织效应和辐射效应，不断向外扩张。

第一，整合集聚经济发展的资源，形成区域分工。作为技术、物资、人才、信息的集聚区域，城市是信息产业、知识经济产生和发展的载体，也是科技创新及产业革命的发源地。城市的发展水平越高，研发创新的积极性就越高，越能发挥高科技产业的集聚效应，相应地对区域经济、产业结构升级的辐射拉动效应就越强。传统的城市发展目标过于简单，仅局限于规模上的简单扩张。现代城市的发展目标则是在城市产业集聚的辐射功能的基础上，对构成城市空间等资源进行集聚、重组和运转，以达到优化配置资源、整合区域经济、最大化经济效益、拉动区域内的 GDP 总量、推动产业结构和生产分工的调整和升级，并形成螺旋式上升式的良性循环发展态势。

第二，城市环境配套措施包括硬环境与软环境。硬环境可分为合理的产业布局、可持续的城市发展空间、良好优质的城市基础设施以及交通通信建设等；软环境可分为市场秩序、体系，以人为本的制度文化环境、服务环境等。良好的城市配套措施可以提高城市的竞争力；良好高效的市场服务体系或城市配套措施是提升城市竞争力的载体，对城市竞争力的高低起着决定性作用，是吸引投资者和消费者的基础。

第三，创造更多的就业机会。作为第三产业中的核心主导产业，服务业是城市发展水平的重要标志之一，其发展水平能够在较大程度上代表城市的发展水平，并且服务业对劳动力的吸纳能力、创造就业机会的能力非常强。此外，城市发展带来的工业化进步、工业基础设施建设规模的扩大同样会创造大量的就业岗位。

（三）城市的发展

城市的形成、发展和建设都受到社会、经济、文化科技等多方面的影响。城市是人类在适应集居中对防御、生产、生活等方面的要求而形成的，并随着这些要求的变化而发展。人们的集居形成社会，城市建设要适应和满足社会的需求，同时也受到科学技术发展的促进和制约。

城市的发展，大体上可分为三个大的发展阶段，即农业社会阶段、工业社会阶段和后工业社会阶段。也可以把城市划分为古代城市和近代城市。

1. 农业社会的城市

在农业社会历史中尽管出现过少数相当繁荣的城市（如我国的唐朝的长安城和西方的古罗马城），并在城市和建筑方面留下了十分宝贵的人类文化遗产，但农业社会的生产力十分低下，对农业的依赖性决定了农业社会的城市数量、规模及职能都是极其有限的，城市没有起到经济中心的作用，城市内手工业和商业不占主导地位,而主要是以政治、军事为中心。农业社会的后期,以欧洲城市为代表一些资本主义萌芽,文艺复兴和启蒙运动的出现,使得西方市民社会显现雏形,为日后技术革新中的城市快速发展奠定了思想领域的基础。

2. 工业社会的城市

从18世纪后期开始的工业革命从根本上改变了人类社会与经济发展的状态。工业化带来生产力的空前提高及生产技术的巨大变革,致使原有城市空间与职能的巨大重组,而且促进了大量新兴工业城市的形成,城市逐渐成为人类社会的主要空间形态与经济发展的主要空间载体。蒸汽机的发明和交通工具的革命以及工业生产的扩张趋势,加速了人口和经济要素向城市聚集,使城市规模扩张、数量猛增,产生了世界性的城镇化浪潮,城市真正成为国家和地区的经济发展中心。

工业社会城市大量兴起,城市人口迅速增加;工业生产成为城市的主要职能;城市功能和用地类型多样化,环境人工化;城市问题大量出现,如土地问题、住房问题、交通问题、环境污染问题、社会问题等;城市分布不均衡,形成区域性的城市密集区,沿海岸线或淡水河流、内河入海口、资源富集地区分布。

3. 后工业社会的城市

有越来越多的学者认为我们正在逐步进入后工业社会,概括而言,后工业社会的生产力将以科技为主体,以高技术(如信息网络、快速交通等)为生产与生活的支撑,文化趋于多元化。城市的性质由生产功能转向服务功能,制造业的地位明显下降,经济呈服务化。高速公路、高速铁路、超音速飞机等现代化运输工具大大削弱了空间距离对人口和经济要素流动的阻碍。环境危机日益严重,城市的建设思想也由此走向生态觉醒,人类的价值观念发生了重要变化,并向生态时代迈进。

后工业社会种种因素导致人们对未来城市发展形态及空间基础的多种理解,也为城市研究、城市规划设计提供了一个无比广阔的遐想空间。后工业社会城市成为金融服务业、文化活动、国际贸易活动以及高科技活动的中心。发达国家从乡村到城市的人口迁移逐渐退居次要地位，一个全新的、规模庞大的城乡人口流动的逆过程开始出现。

二、城市化

(一) 城市化的基本概念

城市化（Urbanization）又叫城镇化，是指人口和产业活动在空间上集聚、乡村地区转变为城市地区的过程。城市化是社会经济发展的重要表现和必然结果。在城市化过程中，城市人口占总人口的比重持续上升，劳动力从第一产业向第二、三产业逐渐转移，城市用地规模不断扩大。

(二) 城市化的特征

城市化是多元性的，具有历史性、物理性和人文性等特征。城市化的历史性是指从唯物史观基本原理角度分析城市化进程。城市化是的物理性体现在空间形态，城市有集中和分散两种空间形态。城市的人文性需要实现城市主体的全面需求（生存需求与发展需求），不是单纯为了人类而忽视其他生物的生存需求，也不是单纯为了群体利益而损害个人利益。城市化的人文价值可以说是人的价值经过提炼后在城市空间内的呈现。

1. 城市化展示着物理形态性

城市化也是具体物理形态的变化，是工业经济推动着人口、产业等要素的聚集。城市化对应的是感知的空间，其生产对象是城市空间中的客观事物，包括物质资料生产实践和生活资料生产实践，这种直接的空间生产随处可见，如大规模的房屋建设、高速公路的修建、娱乐设施的设立等。城市是产生于大量社会剩余产品的流动、榨取和地理集中过程的建成形式。人可以直接接触的自然是高山、大河、海洋等，人能对自然施加影响。自然空间正在逐步消解。城市机构对再生产过程的作用似乎就像公司对生产过程的作用一样。

社会实践不断进行，对城市空间的社会化塑造也不断开展。人类的生活也不断制造出新的空间形态，制造新的空间系统和结构，并塑造着人的空间利益关系。城市化创造出人的生存空间，具有存在论意义。自然空间是人的现实的存在空间，是人的社会实践利用和改造的对象。社会空间更是人的物质生产实践和存在的对象和载体。因此，城市化是社会学和人类学范畴，是揭示社会演变和人类存在的基础概念。

资本主义的过度积累，导致资本盈余减少，要想让资本继续获得高额利润，就要寻找新的赢利手段。资本主义为了获利，不断打破旧的空间格局，利用新的空间形态为资本增值提供新的条件，以通过"时空修复"来促进剩余价值的实现。资本家利用空间重组和空间扩张获得了新的增值，暂时转嫁了政治经济矛盾。资本主义凭借"时空修复"不断吸收剩余资本，为资本主义的发展带来新契机，但也隐藏着毁灭资本主义的危险。金融危机的日益严重促进"时空修复"手段的多元化，但"时空修复"并没有解决金融危机，反而加剧了金融危机。全球化让金融危机的爆发周期缩短、危害加剧。金融危机的周期性爆发表明了资本主义"时空修复"只能是治标不治本的缓兵之计，虽然暂时缓解了资本过度积累，但又加剧了资本过度积累，最终使资本主义矛盾重重、积重难返。

2. 城市化彰显着属人性

城市化人文性的实现需要关注两点：其一，城市化主体是广泛的。城市化主体不仅包括掌握资本的利益集团，而且包括普通公民。其二，城市化主体的需求是多元的。城市化需要关注人的生存发展问题，要将人化空间再转化为人文性空间，既依赖于尊重人的基本需求，又依赖于城市化主体人文素养的提升。城市规划就是人对城市空间的抽象设计、引导和演示，应当基于城市空间的人文意义，利用前人的地理学和社会学观点，让空间规划更加科学规范。城市化虽然是社会学范畴，但更多针对的是人的城市生活。人的地理学斗争需求在都市革命中起着重要作用，能促使城市化多考虑普通公民的城市空间利益需求。集体消费导致城市空间危机，政治干预更是引起城市政治问题和空间矛盾。城市化适应了人自由发展的价值要求，蕴含着对差异、多元的追求。城市化水平越高，就越能提供人所需要的生存条件。城市化将土地、劳动力和资本更紧密地连接起来，让自然空间迅速消逝。重要的是，要把欲望回归到前现代社会的感性特质上来，并与重复、弥散和绵延的日常生活相分离，去发现和营造一个自由和快乐的空间。城市空间资源是公用的，不是私人的，消费上不能排斥他人。每种社会形态都有自己的城市化生产方式，需要让城市真正成为人诗意栖居的家园。

城市化也制造出文化意识观念。这是人的意识在空间的投射和表征。城市空间关系是人的意志对象，是人的意识产物和人的意识的彰显。城市化的背后是资本意识和政治权力，是不平衡空间利益格局的反映。空间不是一个中性的物质领域，空间的产生必然涉及复杂的社会经济与政治过程。城市化反映着社会生活及意识，布满空间主体利益冲突。城市空间矛盾大多与资本和阶层利益相关。空间也将政治权力呈现在空间系统中，让土地与权力联结。土地所有制是政治权力的空间呈现。私有制空间权益机制让空间霸权具有正当性。空间政治地位的确认，是空间主体对等级和物化的认同。城市化就是人类实践活动对空间的生产性建构，人类在占有和利用自然空间的过程中，依照生产规律，从社会的政治文化、秩序、机制等层面，对空间开展的社会化塑造过程。社会实践活动必然在空间中进行，并作为社会力量，对人类的生存空间发生作用。最关键的条件是艺术的观念、创造的观念、自由的观念、适应的观念、风格的观念、体验价值的观念、人类存在的观念，要保留这些观念并重新获得它们的全部意义。面对后工业社会城市化生产模式和空间权力运行模式的转变，需要把艺术当作与城市化现实对立的救赎，异化人性的审美乌托邦，努力发掘艺术与城市化的内在关联及艺术在劳动者主体性生产中的积极作用，将艺术活动视为改造城市化的生命政治行为。

（三）新型城市化

在我国，城市是指经国务院批准设市建制的城市市区，镇是指经批准设立的建制镇的镇区，乡村是指城市市区和镇区以外的地区。

城镇化又叫城市化，是指人口和产业活动在空间上集聚、乡村地区转变为城市地区的过程。在城镇化过程中，城镇人口占总人口的比重持续上升，劳动力从第一产业向第二、第三产业逐渐转移，建设用地规模不断扩大，乡村景观逐渐转化为城市景观，人们的生产方式、生活方式、文化观念、价值观念等随之发生显著变化。城市化的过程表现出以下特点：以区域人口的迁移和集中为前提；以经济活动的集聚和优化为内容；以社会结构的转变和改善为目标；以地域景观的转化和演变为标志。城市化的基本内涵包括经济城市化、人口城市化、社会城市化和空间城市化。

中国特色的新型城镇化，需要注重以下方面：一是以人为核心，全面提高城镇化的质量；二是大中小城市和小城镇协调发展，以城镇群为主体形态；三是借助城镇化推动乡村振兴；四是优化城镇布局，统筹城乡发展；五是集约利用资源和能源，减少对自然界的干扰和破坏；六是重视历史文化传承，让城镇有记忆、有特色、有美丽的风光，让居民"望山见水"，记得住乡愁。

改革开放以来，我国经济社会的迅猛发展，拉动了城镇化进程。城镇人口快速增长，城镇数量不断增加，城镇化水平持续提高。近年来，我国城市中心区的居住环境渐趋恶化，居民陆续向外迁移，一部分商业和制造业由中心城区向边缘区迁移，城市外围地带的人口显著增加。为了减轻中心城区的压力，在大城市周边建设了一系列卫星城和工业区。大多数城市家庭拥有小汽车，加之交通条件的改善，市区范围明显扩大，城市边缘区发展较快。

总体上讲，我国的城市化进程处在加速推进、逐渐提升的阶段。我国城市化水平持续上升，城市化成为推动我国经济社会加速发展的强劲引擎。从空间分布来看，我国城市化水平很不平衡，东部和东北地区城市化水平较高，中西部地区城市化进程明显滞后。长三角、珠三角、京津冀三大城市群综合实力较强，但国内大多数城市还处于加速扩张的阶段。

三、城乡关系

（一）城乡关系的内涵

城乡关系可分为以下内涵层次：①地理学意义上的城市乡村区位关系；②经济学意义上的工业和农业关系；③社会学意义上的市民与农民关系；④生态学意义上的斑块与基质关系。在本书中，城乡关系是广泛存在于城市和乡村之间相互作用、相互影响、相互制约的普遍联系和互动关系，是一定社会条件下政治关系、经济关系、阶级关系等诸多因素在城市和乡村两者关系的集中反映。

(二)城镇化与新型城镇化

1. 城镇化

城镇化是指农村人口转化为城镇人口的过程。它是人口持续向城镇集聚的过程,是世界各国工业化进程中必然经历的历史阶段。反映城镇化水平高低的一个重要指标是城镇化率,即一个地区常住城镇的人口占该地区总人口的比例。

城镇化是一个历史范畴,同时,它也是一个发展中的概念。在我国,以"城镇化"替换"城市化",是有一些具体考虑的,更加符合我国国情。应该说,这是针对我国长期以来过分重视城市,特别是大城市的发展,而忽略小城市,特别是忽视镇的发展,做出的一种有意识的强调。它既有利于避免在发展过程中只想到市而忽略镇的思想误区,也能够促使国家政策更加注重将镇和市的发展放在同等重要的地位。城镇化与城市化都是表示从乡到城不断转化的、渐进的历史过程。但是,前者更加强调在乡村城市转化过程中,"镇"作为一个重要的节点所发挥的作用。

2. 新型城镇化

"新型城镇化"是在"城镇化"概念的基础上进一步延伸出来的,是指坚持以人为本,以新型工业化为动力,以统筹兼顾为原则,推动城市现代化、城市集群化、城市生态化、农村城镇化,全面提升城镇化质量和水平,走科学发展、集约高效、功能完善、环境友好、社会和谐、个性鲜明、城乡一体、大中小城市和小城镇协调发展的城镇化建设路径。新型城镇化的特色就是强调以人为核心,协调社会、环境、人的关系,由原来的"重城轻乡""城乡分治",转变为经济、社会、环境和文化全面改善的城乡一体化发展。

第二节 城乡规划的概念

一、城乡规划的含义

城乡规划是各级政府统筹安排城乡发展建设空间布局、保护生态和自然环境、合理利用自然资源、维护社会公正与公平的重要依据，具有重要公共政策的属性。城乡规划是以促进城乡经济社会全面协调可持续发展为根本任务、促进土地科学使用为基础、促进人居环境根本改善为目的，涵盖城乡居民点的空间布局规划。

二、城乡规划的基本特点

（一）综合性

城市的社会、经济、环境和技术发展等各项要素既互相依赖又互相制约，城市规划需要对城市的各项要素进行统筹安排，使之各得其所、协调发展。综合性是城市规划最重要的特点之一，在各个层次、各个领域以及各项具体工作中都会得到体现。例如，考虑城市的建设条件时，不仅需要考虑城市的区域条件，包括城市间的联系、生态保护、资源利用以及土地、水源的分配等问题，还需要考虑气象、水文、工程地质和水文地质等范畴的问题以及城市经济发展水平和技术发展水平。当考虑城市发展战略和发展规模时，就会涉及城市的产业结构与产业转型、主导产业及其变化、经济发展速度、人口增长和迁移、就业、环境（如水、土地等）的可容纳性和承载力、区域大型基础设施以及交通设施等对城市发展的影响，同时也涉及周边城市的发展状况、区域协调以及国家的政策等。当具体布置各项建设项目、研究各种建设方案时，需要考虑该项目在城市发展战略中的定位与作用，该项目与其他项目之间的相互关系以及项目本身的经济可行性、社会的接受程度、基础设施的配套可能以及对环境的影响等，同时还要考虑城市的空间布局、建筑的布局形式、城市的风貌等方面的协调。城市规划不仅反映单项工程涉及的要求和发展计划，而且还综合各项工程相互之间的关系。它既为各单项工程设计提供建设方案和设计依据，又需要统一解决各单项工程设计之间技术、经济等方面的种种矛盾，因而城市规划和城市中各个专业部门之间需要有非常密切的联系。

（二）政策性

城市规划是关于城市发展和建设的战略部署，同时也是政府调控城市空间资源、指导城乡发展与建设、维护社会公平、保障公共安全和公众利益的重要手段。因此，城市规划一方面必须充分反映国家的相关政策，是国家宏观政策实施的工具；另一方面，城市规划需要充分协调经济效益和社会公正之间的关系。城市规划中的任何内容，无论是确定城市发展战略、城市发展规模，还是确定规划建设用地、确定各类设施的配置规模和标准，或者城市用地的调整容积率的确定或建筑物的布置等，都关系到城市经济的发展水平和发展效率、居民的生活质量和水平、社会利益的调配、城市的可持续发展等，是国家方针政策和社会利益的全面体现。

(三) 民主性

城市规划涉及城市发展和社会公共资源的配置，需要代表最广大人民的利益。正由于城市规划的核心在于对社会资源的配置，因此城市规划就成为社会利益调整的重要手段。这就要求城市规划能够充分反映城市居民的利益诉求和意愿，保障社会经济的协调发展，使城市规划过程成为市民参与规划制定和动员全体市民实施规划的过程。

(四) 实践性

城市规划是一项社会实践，是在城市发展的过程中发挥作用的社会制度。因此，城市规划需要解决城市发展中的实际问题，这就需要城市规划因地制宜，从城市的实际状况和能力出发，保证城市的持续有序发展。城市规划是一个过程，需要充分考虑近期的需要和长期的发展，保障社会经济的协调发展。城市规划的实施是一项全社会的事业，需要政府和广大市民共同努力才能得到很好的实施，这就需要运用社会、经济、法律等各种手段来保证城市规划的有效实施。

三、城乡规划的分类

我国的城乡规划包括城镇体系规划、城市规划、镇规划、乡规划和村庄规划。其中城市规划和镇规划分为总体规划和详细规划。

(一) 城镇体系规划

城镇体系是指一定区域内，在经济、社会和空间发展上具有有机联系的城市群体。该概念具有以下几层含义：

①城镇体系是以一个相对完整区域内的城镇群体为研究对象，不同区域有不同的城镇体系。

②城镇体系的核心是具有一定经济社会影响力的中心城市。

③城镇体系由一定数量的城镇组成，城镇之间存在性质、规模、功能等方面的差别。

④城镇体系最本质的特点是相互联系，从而构成一个有机整体。

城镇体系规划是指在一定区域范围内，以生产力合理布局和城镇职能分工为依据，确定不同人口规模等级和职能分工的城镇的分布和发展规划（城市规划基本术语标准）。通过合理组织体系内各城镇之间、城镇与体系之间以及体系与其外部环境之间的各种经济、社会等方面的相互联系，运用现代系统理论与方法探究整个体系的整体效益。

城镇体系规划是政府综合协调辖区内城镇发展和空间资源配置的依据和手段，同时为政府进行区域性的规划协调提供科学的、行之有效的依据，包括确定区域城镇发展战略，合理布局区域基础设施和大型公共服务设施，明确需要严格保护和控制的区域，提出引导区域城镇发展的各项政策和措施。

(二) 城市规划

城市规划是指对一定时期内城市的经济和社会发展、土地利用、空间布局以及各项建设的综合部署、具体安排和实施措施。城市规划在指导城市有序发展、提高建设和管理水平等方面发挥着重要的先导和统筹作用。城市规划分为总体规划和详细规划。

城市总体规划是对一定时期内城市的性质、发展目标、发展规模、土地利用、空间布局以及各项建设的综合部署、具体安排和实施措施，是引导和调控城市建设、保护和管理城市空间资源的重要依据和手段。经法定程序批准的城市总体规划，是编制城市建设规划、详细规划、专项规划和实施城市规划行政管理的法定依据。各类涉及城乡发展和建设的行业发展规划，都应当符合城市总体规划的要求。近年来，随着社会主义市场经济体制的建立和逐步完善，为适应形势发展的要求，我国城市总体规划的编制组织、编制内容等都进行了必要的改革与完善。目前，城市总体规划已经成为指导与调控城市发展建设的重要公共政策之一。

城市详细规划是指以城市的总体规划为依据，对一定时期内城市的局部地区的土地利用、空间布局和建设用地所作的具体安排和设计。城市详细规划又具体分为城市控制性详细规划和城市修建性详细规划。城市控制性详细规划是指以城市的总体规划为依据，确定城市建设地区的土地使用性质和使用强度的控制指标、道路和工程管线控制性位置以及空间环境控制的规划要求。控制性详细规划是引导和控制城镇建设发展最直接的法定依据，是具体落实城市总体规划各项战略部署、原则要求和规划内容的关键环节。城市修建性详细规划是指以城市总体规划或控制性详细规划为依据，制定用以指导城市各项建筑和工程设施及其施工的规划设计。对于城市内当前要进行建设的地区，应当编制修建性详细规划。修建性详细规划是具体的、可操作的规划。

(三) 镇规划

镇是连接城乡的桥梁和纽带，是我国城乡居民点体系的重要组成部分。小城镇的快速发展，是实现农村工业化和农业现代化的重要载体与依托，小城镇已经成为农村富余劳动力就地转移的"蓄水池"，成为培育农村市场体系、实现农业产业化经营的基地。随着经济社会的进步，镇在促进城乡协调发展中的地位和作用越来越明显。镇规划分为总体规划和详细规划，镇详细规划分为控制性详细规划和修建性详细规划。

镇总体规划是指对一定时期内镇的性质、发展目标、发展规模、土地利用、空间布局以及各项建设的综合部署、具体安排和实施措施。镇总体规划是管制镇的空间资源开发、保护生态环境和历史文化遗产、创造良好生活环境的重要手段，在指导镇的科学建设、有序发展，构建和谐社会，服务"三农"，促进社会主义新农村建设方面发挥规划协调和社会服务作用。镇总体规划包括县（区）人民政府所在地的镇总体规划和其他镇的总体规划。

镇详细规划是指以镇总体规划为依据，对一定时期内镇的局部地区的土地利用、空间布局和建设用地所作的具体安排和设计。镇控制性详细规划是指以镇总体规划为依据,确定镇内建设地区的土地使用性质和使用强度的控制指标、道路和工程管线控制性位置以及空间环境控制的规划要求。镇修建性详细规划是指以镇总体规划和控制性详细规划为依据,制定用以指导镇内各项建筑及其工程设施和施工的规划设计。

(四) 乡规划和村庄规划

乡规划和村庄规划分别是指对一定时期内乡、村庄的经济和社会发展、土地利用、空间布局以及各项建设的综合部署、具体安排和实施措施。乡规划和村庄规划,由于其规划范围较小、建设活动形式单一,要求其既编制总体规划,又编制详细规划的必要性不大,因此,本书没有对乡规划和村庄规划进行总体规划和详细规划的分类,而是规定由一个乡规划或村庄规划统一安排。

乡规划和村庄规划是做好农村地区各项建设工作的先导和基础,是各项建设管理工作的基本依据,对改变农村落后面貌、规范乡村无序建设,加强农村地区生产生活服务设施、公益事业等各项建设,推进社会主义新农村建设事业具有重要意义。

四、城乡规划的作用

(一) 宏观经济条件调控的手段

在市场经济体制下,城市建设的开展在相当程度上需要依靠市场机制的运作,但纯粹的市场机制运作会出现市场失败的现象,这已有大量的经济学研究予以论证。因此,就需要政府对市场的运行进行干预,这种干预的手段是多种多样的,既有财政方面的(如货币投放量、税收、财政采购等),也有行政方面的(如行政命令、政府投资等),而城市规划则通过对城市土地和空间使用配置的调控,来对城市建设和发展中的市场行为进行干预,从而保证城市的有序发展。

一方面,城市的建设和发展之所以需要干预,关键在于各项建设活动和土地使用活动具有极强的外部性。在各项建设中,私人开发往往将外部经济性利用到极致,而将自身产生的外部不经济性推给了社会,从而使周边地区承受不利的影响。通常情况下，外部不经济性是由经济活动本身所产生，并且对活动本身并不构成危害，甚至是其活动效率提高直接产生的。在没有外在干预的情况下，活动者为了自身的收益而不断提高活动的效率，从而产生更多外部不经济性，由此而产生的矛盾和利益关系是市场本身无法进行调控的。因此，就需要公共部门对各类开发进行管制，从而使新的开发建设避免对周边地区带来负面影响，从而保证整体效益。

另一方面，城市生活的开展需要大量公共物品，但由于公共物品通常需要大额投资，而回报率低或者能够产生回报的周期很长，经济效益很低甚至没有经济效益，因此，无法以利润来刺激市场的投资和供应。但城市生活又不可缺少公共物品，这就需要由政府进行提供，采用奖励、补贴等方式，或依法强制性地要求私人开发进行供应。公共物品的供应往往会改变周边地区的土地和空间使用关系，因此需要进行事先协调和确定。

此外，城市建设中还涉及短期利益和长期利益之争，如对自然、环境资源的过度利用所产生的对长期发展目标的危害，涉及市场运行决策中的"合成谬误"而导致的投资周期的变动等，这就需要对此进行必要的干预，从而保证城市发展的有序性。

城市规划之所以能够作为政府调控宏观经济条件的手段，其操作的可能性是建立在这样的基础之上的：第一，通过对城市土地和空间使用的配置，即对城市土地资源的配置进行直接控制。由于土地和空间使用是各项社会经济活动开展的基础，因此它直接规定了各项社会经济活动未来发展的可能与前景。城市规划通过法定规划的制定和对城市开发建设的管理，对土地和空间使用施行了直接的控制，从物质实体方面拥有了调控的可能。这种调控从表面上看是对土地和空间使用的直接调配，是对怎样使用土地和空间的安排，但在调控的过程中，涉及的实质是一种利益的关系，而且关系到各种使用功能未来发展的可能，也就是说，城市规划对土地使用的任何调整或内容的安排，涉及的不只是建筑物等物质层面的内容，更是一种权益的变动。因此，城市规划涉及的就是对社会利益进行调配或成为社会利益调配的工具。第二，城市规划对城市建设进行管理的实质是对开发权的控制，这种管理可以根据市场的发展演变及其需求，对不同类型的开发建设施行管理和控制。开发权的控制是城市规划发挥宏观调控作用的重要方面。例如，针对房地产的周期性波动，城市规划可以配合宏观调控的整体需要，在房地产处于高潮期时，通过增加土地供应为房地产开发的过热进行冷处理；当房地产开发处于低潮期时，则可以采取减少开发权的供应的方法，从而可以在一定程度上削减其波动的峰值，避免房地产市场的大起大落，维护市场的相对稳定，使城市的发展更加有序。

（二）保障社会公共利益

城市是人口高度集聚的地区，当大量人口生活在一个相对狭小的地区时，就形成了一些共同的利益需求，如充足的公共设施（如学校公园、游憩场所、城市道路，以及供水、排水、污水处理等）、公共安全、公共卫生以及舒适的生活环境等，同时还涉及自然资源和生态环境的保护、历史文化的保护等。这些内容在经济学中通常都可以称为"公共物品"，由于公共物品具有非排他性和非竞争性的特征，即这些物品社会上的每一个人都能使用，而且都能从使用中获益，因此对于这些物品的提供者来说，就不可能获得直接收益，这就与追求最大利益的市场原则不一致。因此，在市场经济的运作中，市场不可能自觉提供公共物品，要求有政府的干预，这是市场经济体制中政府干预的基础之一。

（三）协调社会利益，维护公平

社会利益涉及多方面，就城市规划的作用而言，主要是指由土地和空间使用所产生的社会利益之间的协调。因此，社会利益的协调也涉及许多方面。

其一，城市是一个多元的复合型社会，而且又是不同类型人群高度集聚的地区，各个群体为了自身的生存和发展，都希望谋求最适合自己、对自己最有利的发展空间。因此，也就必然会出现相互之间的竞争，这就需要有居间调停者来处理相关的竞争性事务。在市场经济体制下，政府就承担着这样的责任。城市规划以预先安排的方式、在具体的建设行为发生之前，对各种社会需求进行协调，从而保证各群体的利益得到体现，同时也保证社会公共利益的实现。作为社会协调的基本原则就是公平地对待各利益团体，并保证普通市民尤其是弱势群体的生活和发展的需要。城市规划通过对不同类型的用地进行安排，满足各类群体发展的需要，针对各种群体尤其是弱势群体在城市发展不同阶段中的不同需求，提供适应这些需求的各类设施，并保证这些设施的实现。与此同时，通过公共空间，为各群体之间的相互作用提供场所。

其二，通过开发控制的方式，协调特定的建设项目与周边建设和使用之间的利益关系。在城市这样高度密集的地区，任何土地使用和建设项目的开展都会对周边地区产生影响。这种影响既有可能来自土地使用的不相容性（如工业用地、居住用地等），也可能来自土地的开发强度（如容积率、建筑高度等），如果进行不适宜的开发，就有可能影响周边土地的合理使用及其相应的利益。在市场经济体制下，某一地块的价值不仅取决于该地块的使用本身，而且受到周边地块的使用性质、开发强度、使用方式等的影响；不仅受到现在的土地使用状况的影响，更重要的是，会受到其未来的使用状况的影响。这对于特定地块的使用具有决定性的意义。例如，周边地块的高强度开发（如高容积率）就有可能造成环境质量的下降、人口和交通的拥挤等，从而导致该用地贬值，使其受到利益上的损害。城市规划通过预先协调，提供未来发展的确定性，使任何开发建设行为都能预知周边的未来发展情况，同时，通过开发控制来保证新的建设不会对周边的土地使用造成利益损害，维护社会的公平。

（四）改善人居环境

人居环境涉及许多方面，既包括城市与区域的关系、城乡关系、各类聚居区（城市、镇、村庄）与自然环境之间的关系，也涉及城市与城市之间的关系，还涉及各级聚居点内部各类要素之间的相互关系。城市规划在综合考虑社会、经济、环境发展的各个方面，从城市与区域方面入手，合理布局各项生产和生活设施，完善各项配套，使城市的各个发展要素在未来发展过程中相互协调，满足生产和生活各个方面的需要，提高城乡环境品质，为未来的建设活动提供统一的框架。同时，从社会公共利益的角度实行空间管制，保障公共安全、保护自然和历史文化资源，建构高质量的、有序的、可持续的发展框架和行动纲领。

第三节　城乡规划思想与基本理论

一、现代城市规划的理论渊源——空想社会主义

（一）托马斯·莫尔的乌托邦

空想社会主义的乌托邦（Utopia）是托马斯·莫尔（Thomas More）在16世纪提出的。当时资本主义尚处于萌芽时期，针对资本主义城市与乡村的脱离和对立，私有制和土地投机所造成的种种矛盾，莫尔设计乌托邦中有50个城市，城市与城市之间最远一天能到达。城市规模受到控制，以免城市与乡村脱离。每户有一半人在乡村工作，住满两年轮换。街道宽度定为200英尺（比当时的街道要宽），城市通风良好。住户门不上锁，以废弃财产私有的观念。生产的东西放在公共仓库中，每户按需要领取，设有公共食堂、公共医院。以莫尔为代表的空想社会主义者在一定程度上揭露了资本主义城市矛盾的实质，但他们实际代表了封建社会小生产者，由于新兴资本主义对他们的威胁，引起畏惧心理及反抗，所以企图倒退到小生产的旧路上去。乌托邦对后来的城市规划理论有一定的影响。

（二）康帕内拉的"太阳城"

托马斯·康帕内拉（Tommas Campanella）的"太阳城"方案中财产为公有制，没有私有财产和私有观念、没有压迫和剥削、人人过着幸福生活。居民从事畜牧、农业、航海、防卫等工作。太阳城位于广阔平原的一座小山上，直径为两英里多，圆周为7英里。城市空间结构由7个同心圆组成，整个城以山顶为圆心，一圈一圈地向山脚延伸，共有7圈。在这个城市里，到处是巍峨壮丽的宫殿、美轮美奂的教堂、平坦整洁的街道、金碧辉煌的塔楼。

（三）罗伯特·欧文的"新协和村"

当资本主义制度已经形成，开始暴露出种种矛盾时，有一些空想社会主

义者针对当时已产生的社会弊病,提出了种种社会改良的设想,罗伯特·欧文(Robert Owen)是英国 19 世纪初有影响的空想社会主义者,他 10 岁当学徒,后来成为一名大工厂的经理和股东。他提出解决生产的私有性与消费的社会性之间的矛盾的方式是"劳动交换银行"及"农业合作社"。他主张建立的"新协和村(New Harmony)",居住人口为 500~1500 人,有公用厨房及幼儿园,住房附近有用机器生产的作坊,村外有耕地及牧场。为了做到自给自足,必需品由本村生产,集中于公共仓库,统一分配。他宣传的这些设想,遭到了当时政府的拒绝。1852 年,他在美国印第安纳州买下 3 万英亩土地,带了 900 名志同道合者去实现"新协和村"。随后还有不少欧文的追随者建立了多个新协和村形式的公社(Community)。

(四)查尔斯·傅里叶的法郎吉

资本主义由巩固到发展的时期,城市的矛盾更加突出。这时的空想社会主义者提出种种社会改革方案。与上述主张不同的是,他们并不反对资本主义方式,也不想倒退到小生产去,而是提出了一些超阶级的主观空想。查尔斯·傅里叶(Charles Fourier)对资本主义的种种罪恶和矛盾进行了尖锐而深刻的揭露和批判。他的理想社会是以名为法郎吉(Phalangstère)的生产者联合会为单位,由 1500~2000 人组成的公社,生产与消费相结合,不是家庭小生产,而是有组织的大生产。通过公共生活的组织,减少非生产性家务劳动,以提高社会生产力。公社的住所是很大的建筑物,有公共房屋,也有单独房屋。他曾设计了这些公社新村的布置图,将生产与生活组织在一起。傅里叶强调社会要适应人的需要,警惕竞争的资本主义制度造成的浪费。他在法国和美国建立起协助移民区,其中最著名的是 1840~1846 年在美国马萨诸塞州和新泽西州建立的法郎吉。

二、田园城市理论

埃本尼泽·霍华德(Ebenezer Howard)、帕特里克·盖迪斯(Patrick Geddes)与刘易斯·芒福德(Lewis Mumford)被并称为西方近现代三大"人本主义"规划思想家。这其中以霍华德关于田园城市的构想影响最深远。

（一）思想内核——社会改革

霍华德自始至终倡导的都是一种全面社会改革的思想，他更愿意用"社会城市"而不是"田园城市"这个词语来表达他的思想。霍华德对"田园城市"在性质定位、社会构成、空间形态、管理模式等方面都进行了全面探索。他甚至认为城市中所有的土地应归全体居民集体所有，使用土地必须交付租金。城市的收入全部来自租金，在土地上进行建设、集聚而获得的增值仍归集体所有。

（二）空间模式——城乡磁体

霍华德提出了一个有关建设田园城市的论据，即著名的三种磁力的图解，由此他提出了"城乡磁体"（Town Country Magnet）的概念，城市和乡村的联姻将会迸发出新的希望、新的生活、新的文明，融生动活泼的城市生活优点和美丽、愉悦的乡村环境为一体的"田园城市"将是一种磁体，兼有城与乡的优点，这个城乡结合体即为田园城市。

1. 单个田园城市

单个田园城市人口规模为 32000 人，占地 400 公顷，外围有 2000 公顷农业生产用地作为永久性绿地。城市由一系列同心圆组成。6 条各 36 米宽的大道从圆心放射出去，把城市分为 6 个相等的部分。城市用地的构成是以花园为中心，围绕花园四周布置大型公共图书馆、画廊和医院。其外围环绕一周是公园，公园外侧是向公园开放的玻璃拱廊——水晶宫，作为商业、展览用房。住宅区位于城市的中间地带，城市外环布置工厂、仓库、市场、煤场、木材厂等工业用地，城市外围为环绕城市的铁路支线和永久农业用地——农田、菜园、牧场和森林。

2. 田园城市的群体组合

田园城市思想认为任何城市达到一定规模时都应该停止增长，其过量的部分应由邻近的另一个城市来接纳，并由此构筑"联盟城市"形式的城市群体组合模式。联盟城市的地理分布以"行星体系"为特征（在建设好一个 32000 人口规模的田园城市后，继续建设同样规模的城市，用六个城市围绕这一个 55000 人口规模的中心城市，形成总人口规模约 25 万人的城市联盟）；各城市与中心城市之间以便捷的交通相连接，政治、文化方面密切连接，而在经济上相对独立，呈现出"多中心"的城镇集聚区。田园城市理论认为，可以通过控制单个城市的规模，把城市与乡村两种几乎是对立的要素统一成一个相互渗透的区域综合体。

3. 田园城市与卫星城的辨析

从田园城市构建的城市建设目标、城市规模、功能关系等角度看，它和"卫星城"有着本质的区别。"卫星城"并不像"田园城市"那样谋求通过类似"细胞增殖"方式来控制城镇规模，营造多中心的城镇群体来取代特大城市的发展道路，而是主张以发展靠近中心城市，与"中心城市"体量悬殊，承担人口功能、疏散功能作用的"卫星城"来继续推进特大城市的发展，没有触及"田园城市"中关于社会改革方面的实质。

4. 田园城市的历史贡献

霍华德的"田园城市"学说设想了一种带有先驱性的城市模式，对其后出现的城市规划理论如有机疏散理论、卫星城市理论起到了思想启蒙的作用，对现代城市规划思想发展具有里程碑意义。

三、卫星城镇规划的理论和实践

（一）单一人口疏解功能的"卧城"

卧城是卫星城的初级形式，始建于第一次世界大战后法国巴黎和英国伦敦，距母城10～20千米的郊区，是根据当时兴起的卫星城理论，为分散大城市人口而建设的。1912～1920年，巴黎制定了郊区的居住建筑规划，打算在离巴黎16千米的范围内建立28座居住城市，这些城市除居住建筑外，没有生活服务设施，居民的生产工作及文化生活上的需求尚须去巴黎解决，一般称这种城镇为"卧城"。卧城的特点是与母城间距离较近，一般为20～30千米，且位于通往母城的主要交通干线上，主要在大城市周围承担居住职能，容纳的人口一般为2万～6万人。由于"卧城"规模小，职能有限，对母城依附性强，同时增加了与市中心的交通压力，故难以真正起到分散与控制大城市人口规模的作用。

（二）产城融合的独立"新城"

"辅城"解决了卫星城部分居民的生活和就业问题，但由于产业结构单一、规模偏小、就业吸纳能力不足，无法从根本上解决大城市过度膨胀带来的问题。新城坚持"产城融合"的发展路径，将产业发展和完善城市功能结合起来，不再过度依赖"母城"提供生活服务和解决就业问题，大大减少了"母城"与卫星城之间的通勤压力，逐渐成长为城市经济增长新的中心或者副中心，为城市发展拓展了新的空间。"新城"人口规模在 25 万～40 万人之间。目前，新城已经发展到第四代，除接受主城扩散的功能外，同时也具有自己的行政、经济、社会中心，功能呈现多样性和独立性特征，增强了城镇的吸引力。

四、现代城乡规划的其他理论

（一）索里亚·玛塔的线形城市理论

线形城市（Linear City）是由西班牙工程师索里亚·玛塔（Soria Ymata）于 1882 年首先提出来的。当时是铁路交通大规模发展的时期，铁路线把遥远的城市连接起来，并使这些城市得到了飞速发展。在各个大城市内部及其周围，地铁线和有轨电车线的建设改善了城市地区的交通状况，加强了城市内部及与其腹地之间的联系，从整体上促进了城市的发展。按照索里亚·玛塔的想法，那种传统的从核心向外扩展的城市形态已经过时，它们只会导致城市拥挤和卫生恶化，在新的集约运输方式的影响下，城市将依赖交通运输线组成城市的网络，而线形城市就是沿交通运输线布置的长条形的建筑地带，只有一条宽 500 米的街区，要多长就有多长，这就是未来的城市。城市不再是一个一个分散的不同地区的点，而是由一条铁路和道路干道串联在一起的、连绵不断的城市带。位于这个城市中的居民既可以享受城市型的设施又不脱离自然，还可以使原有城市中的居民回到自然中去。

索里亚·玛塔提出了线形城市的基本原则，他认为这些原则是符合当时欧洲正在讨论的"合理的城市规划"要求的。在这些原则中，第一条是最主要的："城市建设的一切问题，均以城市交通问题为前提。"最符合这条原则的城市结构就是使城市中的人从一个地点到其他任何地点在路程上耗费的时间最少。既然铁路是能够做到安全、高效和经济的最好的交通工具,城市的形状理所当然就应该是线形的。这一点也就是线形城市理论的出发点。在余下的其他原则中,索里亚·玛塔还提出城市平面应当呈规矩的几何形状,在具体布置时要保证结构对称,街坊呈矩形或梯形,建筑用地应当至多只占1/5,要留有发展的余地,要公正地分配土地等原则。

(二)戈涅的工业城市设想

工业城市的设想由法国建筑师托尼·戈涅(Tony Grarnier)于20世纪初提出,1904年在巴黎展出了这个方案的详细内容,1917年出版了名为《工业城市》的专著,阐述了他的工业城市的具体设想。该工业城市是一个假想城市的规划方案,位于山岭起伏地带河岸的斜坡上,人口规模为35000人。城市的选址是考虑靠近原料产地或附近有提供能源的某种自然力量,或便于交通运输。

在城市内部的布局中强调按功能划分为工业、居住、城市中心等,各项功能之间相互分离,以便于今后各自的扩展需要。同时,工业区靠近交通运输方便的位置,居住区布置在环境良好的位置,中心区应连接工业区和居住区。在工业区、居住区和市中心区之间有方便快捷的交通服务。

(三)卡米洛·西特的城市形态研究

19世纪末,城市空间的组织基本上延续着由文艺复兴后形成的、经巴黎美术学院经典化并由豪斯曼对巴黎改建所发扬光大和定型化了的长距离轴线、对称,追求纪念性和宏伟气派的特点。由于资本主义市场经济的发展,对土地经济利益的过分追逐,出现了死板僵硬的方格城市道路网、笔直漫长的街道、呆板乏味的建筑轮廓线和开敞空间的严重缺乏,引来了人们对城市空间组织的批评。因此,1889年卡米洛·西特(Camillo Sitte)出版的《城市建设艺术》一书,就被人形容为在欧洲的城市规划领域扔了一颗爆破弹,成为当时对城市空间形态组织的重要著作。

西特考察了希腊、罗马中世纪和文艺复兴时期许多优秀建筑群的实例,针对当时城市建设中出现的忽视城市空间艺术性的状况,提出必须以确定的艺术方式形成城市建设的艺术原则。必须研究过去时代的作品，并通过寻求古代作品中美的因素来弥补当今艺术传统方面的损失，这些有效的因素必须成为现代城市建设的基本原则，这就是他的这本书的任务和主要内容。西特通过对城市空间的各类构成要素，如广场、街道、建筑小品等之间的相互关系的探讨，揭示了这些设施位置的选择、布置以及与交通、建筑群体布置之间建立艺术的和宜人的相互关系的一些基本原则，强调人的尺度、环境的尺度与人的活动以及他们的感受之间的协调，从而建立起丰富多彩的城市空间和人的活动空间。西特以实例证明且确定了中世纪城市建设在城市空间组织上的人文与艺术成就方面的积极作用，认为中世纪的建设是自然而然、一点一点生长起来的，而不是在图板上设计完之后再到现实中去实施的，因此，城市空间更能符合人的视觉感受。到了现代，建筑师和规划师却只依靠直尺、丁字尺和罗盘，有的对建设现场的状况都不去调查分析就进行设计，这样的结果必然是导致僵死的规则性、无用的对称以及令人厌烦的千篇一律。

（四）格迪斯的学说

帕特里克·格迪斯（Patrick Geddes）作为一个生物学家，最早注意到工业革命、城市化对人类社会的影响。通过对城市进行生态学的研究，强调了人与环境的相互关系，并揭示了决定现代城市成长和发展的动力。他的研究显示，人类居住地与特定地点之间存在的关系是一种已经存在的、由地方经济性质所决定的精致的内在联系。因此，他认为场所、工作和人是结合为一体的。在1915年出版的著作《进化中的城市》中，他把对城市的研究建立在客观现实研究的基础上，周密分析地域环境的潜力和局限对于居住地布局形式与地方经济体系的影响关系，突破了当时常规的城市概念，提出把自然地区作为规划研究的基本框架。他指出，工业的集聚和经济规模的不断扩大，已经造成了一些地区的城市发展显著集中。在这些地区，城市向郊外的扩展已属必然，并形成了这样一种趋势，把城市结合成大的城市集聚区或者形成组合城市。在这样的条件下，原来局限于城市内部空间布局的城市规划应当成为城市地区的规划，即将城市和乡村的规划纳入同一体系中，使规划包括若干个城市以及它们周围所影响的整个地区。

（五）邻里单位、小区规划与社区规划

20世纪30年代，在美国和欧洲出现了一种"邻里单位"（Neighborhood Unit）的居住区规划思想，它与过去将住宅区的结构从属于道路划分方格的那种形式不同，旧的方式路格很小，方格内居住人口不多，难于设置足够的公共设施。儿童上学及居民购买日常的必需品，必须穿越城市道路。在以往交通不太发达的情况下，尚未感到过多的不方便。到20世纪20年代后，城市的交通日益发达，交通量和车速都增加了，车祸经常发生，对老弱及儿童穿越道路的威胁更加严重，而过小的路格和过多的交叉口，也降低了城市道路的通行能力。旧的住宅布置方式，大多是围绕道路形成周边和内天井的形式，结果住宅的朝向不好，建筑密集。交通发达后，沿街居住噪声太大。"邻里单位"思想要求在较大范围内统一规划居住区，使每一个"邻里单位"成为组成居住区的"细胞"。开始考虑的是幼儿上学不要穿越交通道路，"邻里单位"内要设置小学，以此决定并控制"邻里单位"的规模。后来也考虑在"邻里单位"内部设置一些为居民服务的、日常使用的公共建筑及设施，使"邻里单位"内部和外部的道路有一定的分工，防止外部交通在"邻里单位"内部穿越。

第四节 城乡规划的重要性与基本原则

一、现代城乡规划的重要性

（一）有利于区域城市均衡发展

改革开放以来，中国城市曾因过度重视经济效率，几乎所有的城市都不顾及自然资源的承载力、地理属性、经济差异等，实施扩张规划，导致全国诸多城市化问题突出。在造成自然承载力弱、环境敏感度高的中西部，城市过度发展，而经济基础较好、环境宜居地区的城市规模及人口承载力规划发展不足。通过新一轮城乡规划，有利于统一调整东西部城市规划战略，分别明确需要实施收缩和扩张的城市范围，实现国土利用效率最大化和东西部城

市可持续发展与生态环境保护。

（二）有利于快速实现农业人口城市化

在中国，长期以来，人们似乎存在一种误解，实现城市化的前提需要发达的经济和工业化基础。恰恰相反，快速实现农业地区人口的城市化是对经济、产业、思想创造等效率的最大化，是对人类资源与自然资源利用率的最大化，是实现农业现代化的前提条件，是国家实现国民现代文明与物质生活均质化的必由之路。因此快速城市化是国家进步与可持续发展的必然趋势。

（三）有利于打破传统行政辖区的壁垒

实现区域城市经济、农业经济合作和资源集聚共享，实现资源与空间聚合发展，构建巨型聚合城市和农业大区，提升城市和农业地区创造效率和全球竞争力。

传统城市规划没有重视不同城市之间、城乡之间构建合作协同发展关系，没有从全国范围内统一规划区域城市经济与农业经济。城市与城市、城市与乡村经济各自为政、故步自封，难以展开有效合作。基于各自的经济利益，相互之间展开同质化的博弈竞争，削弱了城市与农业经济增长效率和国际竞争力。

（四）有利于自然资源的保护

通过新规划可限制自然承载力、环境敏感度高的中西部地区广大城市过度发展，划定城市发展和生态保护红线，规划建设国家自然公园，可以从宏观层面保护自然环境和自然资源，保障城市发展与环境保护实现平衡。

（五）有利于农业地区土地集中利用和快速实现农业现代化

过去对于城市和农业地区的发展一直缺乏有效的城乡规划策略，城乡发展失衡、贫富差距较大，农村人口流失严重，使分散的农业用地闲置或低效利用问题严重，制约了农业地区的生产力和经济增长效率。粗放式、零散的农业经济发展，导致土地利用率低、管理成本高、不利于规模化农业经济发展，同时不利于对农药使用的管控，容易对自然资源和食品造成污染，使城乡人们的健康受到潜在威胁。

（六）有利于化解城市与乡村贫富分化严重、留守儿童、农业地区家庭体制瓦解等问题

由于过去城市发展没能有效转化来自农村的产业工人，城市发展与实现国家城市化的基本目标和价值背离，导致农村家庭离散、濒临瓦解，产生大量留守儿童、失养老人等消极的社会生态问题，成为社会未来发展不可忽视的重大隐患。

（七）有利于城市实施数字城市与物理城市空间规划合一

数字经济、人工智能技术等快速发展使城市功能空间正在重新配置，需要新的城市发展理念给予引导，第三次工业技术革命的经济体制展开深度变革，世界格局的巨变对于处在城市化进程中的中国城市稳定发展构成挑战。中国城市需要提出新的空间发展及经济发展应对策略。

二、现代城乡规划的基本原则

（一）可持续发展原则

可持续发展的基本思想是既能满足当代人的需求，又不对后代人的需求造成危害。可持续发展原则不仅是人类为解决环境与发展问题而做出的庄严宣告，而且成为一项具有规范意义的法律原则。可持续发展涉及社会、经济、环境、人口和资源诸多方面的因素，包含了理念、目标、制度和行动，需要政治、法律等环境的支持。可持续发展分为社会的可持续发展、经济的可持续发展和环境的可持续发展。可持续发展的核心是发展，社会的可持续发展是目的，经济的可持续发展是基础，而环境的可持续发展是条件。

社会可持续发展的本质是提高和改善人类的生活质量，创造保障人们自由、平等、公正的社会环境，以及创建享受教育、就业、医疗、卫生等社会权利的公平环境。社会的可持续发展在不同阶段可以设置不同的社会发展目标。但是，在一定时期内，既要促进社会的形式正义，也要促进社会的实质正义。经济发展是可持续发展的基础。经济的可持续发展包括调整产业结构、培育新兴产业、集聚发展、节约发展是经济可持续发展的一个体现。但是经济发展不以环境和社会的牺牲为代价，应当在节能减排、促进社会发展

的基础上追求经济发展的效益。

（二）城乡统筹原则

中国现阶段的城市化水平已经超过50%，农村人口的减少并没有缩短农村发展与城市发展的距离。城乡二元体制在市场化的进程中没有促进农村地区的发展，反而加大了农村与城市发展的差距。发展要素的单向流动导致城乡收入差距的扩大、公共产品的供给失衡。农业、农村、农民成为中国全面实现小康不得不面对的问题。城乡统筹就是统筹城乡社会经济发展，化解城乡二元体制所带来的弊端，促进城乡一体化发展，实现社会公平。"三农"问题不能在农村解决，只能在城市与乡村的发展互动中解决。

城乡发展的差距在于城乡在发展资源、发展机会方面的差距。既然在城市与乡村之间存在差距，政府就应当履行社会法所倡导的扶助职能。城乡统筹应当具有整体思维，平等对待城市与乡村的发展，为乡村的发展进行扶助。只有统筹考虑工业与农业、城市与农村以及城市化问题，才能从根本上解决"三农"问题。只有通过统筹发展资源、产业互补、市场互动、设施共享，并建立扶助乡村发展的政策，才能更好地解决农村地区的发展问题。这就需要政府建立促进交通与基础设施、公共服务设施、生态保护、乡村自然与文化遗产保护的财政转移机制。根据官卫华等的研究可知，城乡统筹主要包括四个方面的内容：①统筹城乡人口与社会资源；②统筹城乡空间布局；③统筹城乡经济发展；④统筹城乡公共服务。

（三）合理布局原则

城乡规划中的合理布局是城市社会、经济、自然条件、工程技术以及建筑艺术在空间上的综合反映。合理布局是城乡规划中的一个基本概念，可以指功能的合理布局、用地的合理布局以及空间审美方面的合理布局。从城乡规划法学的角度来看，合理布局是城乡规划空间性的体现，它所反映的是城市各组成部分的空间关系。空间关系包含社会关系、经济关系和环境关系，合理布局要体现社会法原则、经济法原则、环境法原则等。这就是要将城市中的各组成要素按照社会法、经济法和环境法原则在空间不同的尺度上实现有机组合。可以认为合理布局也是可持续发展原则的空间反应。

社会法的核心是保护弱势群体,扶助弱者过上具有一定尊严的生活。社会法在化解社会矛盾和维护社会稳定方面发挥了积极的作用。城市化是人口向城市集中的过程,而这些人口在社会经济发展中的地位是不同的。在市场机制作用下,不可避免地出现了社会分层的现象。不同阶层的人群会在某一地集聚,形成空间极化,并导致空间贫困与社会隔离的现象。在西方国家的城市化进程中,出现了社会各阶层清晰的分异、集聚和隔离。这种不和谐的空间极化往往是社会矛盾的根源。因此,提供适当的住房和减缓空间极化是世界各国化解社会矛盾的重要政策。城乡规划可以通过合理布局,在解决空间贫困、社会隔离、基本生存条件的提供方面发挥积极的作用。合理布局包括保障性住房布局、公共服务设施均等布局等问题。

合理布局关系到经济法学问题,城市功能的地域经济分工就是空间经济问题。经济法的宗旨是立足于社会本位,实现社会利益整体利益的最大化。合理布局不仅涉及个体利益,而且还关系到公共利益。实现社会利益的最大化,在某种程度上要对个体利益进行限制。城乡规划中合理布局的目的是指城市各用地之间能够相互协调、联系方便以及运转高效,以实现社会利益的最大化。城乡规划要在布局上避免土地使用带来的外在影响,弥补市场机制在提供公共产品的失效,以及为社会提供清晰的发展信息。在城乡规划中合理布局包括以下内容:①因地制宜,结合不同的城市发展条件合理布局,包括市域范围的经济分工等问题;②基础设施的合理布局与建设成本的节约;③实现土地资源的社会利益最大化。这就要求在城市布局中贯彻节约用地的原则,采用紧凑发展的城市形态。

(四) 集约发展原则

资源是人类赖以生存与发展的物质基础,是城市可持续发展的重要保障。集约发展主要是指通过发展要素的优化组合,用较少的资源来获得较大的发展效能的发展方式。集约发展是可持续发展原则在资源利用方面的体现,是实现可持续发展战略的一个公共政策。集约发展意味着应当转变发展方式,以较小的资源消耗取得较大的社会、经济与环境效益。城市的可持续发展是以人为主体,以土地使用为基础,以集聚效益和规模效益为特征的社会经济与环境的协调发展。基于集约发展的城市发展对实施国策、实现可持续发展具有重要意义。

集约发展的核心是发展,采用的方式是集约型的。节约用地与高强度开发是集约的重要方式。但是节约用地与高强度发展并不是没有限度,必须保障人的卫生、健康以及有尊严的生活。节约用地与高强度开发不能损害发展的核心内容,必须是在实现社会、经济和环境效益下的节约用地与高强度开发。由于高强度开发存在外在影响,对社区的生活环境产生一定的负面影响。在以人为本的背景下,节约用地与高强度开发必须促进人的发展,必须促进营造宜人的生存环境。可持续发展的城市特征是有活力的经济结构、适度的人口规模、紧凑的城市形态、良好的基础设施和宜人的城市环境。为此,作为实现可持续发展重要方式的集约发展应当服务于城市可持续发展的目标。

第二章 城乡空间规划

第一节 区域规划与城镇体系规划

一、区域规划

(一) 区域与区域规划

1. 区域的概念

"区域"是人们工作、生活中被广泛运用的一个概念。由于研究视角的差异，不同学科对其有着不同的界定：社会学认为区域是具有相同语言、相同信仰和民族特征的人类社会聚落的所在地；经济学则视区域为人类经济活动形成的、具有特定地域特征的经济社会综合体；地理学把区域作为地球表面的一个地理单元，整个地球是由无数不同地域层级和范围的区域组成，大到整个地球，小到市、县、乡或村；政治学一般把区域看作国家实施管理的行政单元。

2. 区域的特征

(1) 系统性

任何区域都可以被理解为一个复杂的巨系统，区域的系统性反映在区域类型的系统性、区域层次的系统性和区域内部要素的系统性三个方面。

每一个区域都是内部要素按照一定秩序、一定方式和一定比例组合形成的具有系统性的有机整体，不是各要素的简单叠加。例如，每一个自然区域是自然要素的有机组合，每一个经济区域是经济要素的有机组合。

(2) 结构性

区域的结构性可表现为城乡结构、城镇结构、环境结构，不同区域的结构关系必定有差异。区域结构源于区域的联系，由于区域内部的区域功能不同，所处的经济发展阶段不同，资源与产品不同，从而产生多种联系，形成不同结构。

(3) 层次性

区域具有层次性，根据尺度、行政层级等，不同区域具有不同的层次关系。以行政区为例，我国分成省、自治区、直辖市，它们又可以分成县、镇、乡、村。每一个区域都是上一级区域的局部。除了最基层的区域，每一个区域都是由若干个下一级区域组成，若干个下一级区域在构成上一级区域时，不是简单的组合，而是会发生质的变化，出现新的特征。

3. 区域规划的概念

区域规划就是区域层面的空间发展计划与行动，根据目前与未来的需要与资源状况，引导和协调区域的变化与发展。

区域规划所能涵盖的时限一般较长，时间弹性较大。作为国民经济和社会发展规划的重要组成部分，既要与国民经济和社会发展五年、十年规划相协调，又要对一些重大问题作更长远的规划和展望。

区域规划与社会经济发展规划和行业规划有着不同的内涵，既不是国民经济和社会发展规划在区域上的细化，也不是行业规划在区域上的汇总。区域规划是为了发挥不同区域的比较优势，形成合理分工、优势互补、利益兼顾、协调发展的区域格局而作出的规划，它既是对国民经济和社会发展规划在区域上的调整和完善，是对社会公共利益在区域上的合理分配的调整和补充。同时，区域规划更多地注重人与自然、资源、环境相协调的关系、更注重空间布局、经济发展及其依赖的自然资源条件以及区际间的协调平衡和联合与协作的关系等。

依据现阶段编制区域规划的目的要求，区域规划的基本任务是：阐明规划区域的经济发展方向，提出经济发展目标；对区域内人口、产业、城镇及区域性基础设施，和公共性的公共服务设施建设项目在地域空间上予以合理布局；提出近期内的重点建设区域和建设工程项目；提出环境治理、保护的目标和对策。

(二) 区域规划的编制内容与程序

1. 当前区域规划的编制重点

区域规划是我国空间规划体系的重要组成部分，是国民经济社会发展规划的综合体现，也是城市规划及其他相关规划编制的重要依据。在国家和区域发展的不同时期，其编制的内容和重点也会有所不同。

(1) 落实国家和区域社会经济发展策略

区域规划是国家战略在地方层面上的体现，是区域内部政府干预和协调地区关系的最重要手段之一。因此，编制规划的首要任务是通过充分分析全球化对国家和区域发展的影响，进而站在高于区域的层面，落实并处理好国家的宏观经济战略与地区发展战略的关系，把经济中心、城镇体系、产业聚集区、基础设施以及限制开发区等落实到具体的地域空间。

(2) 从区域层面优化配置空间资源

区域规划是实施区域经济管理的重要手段，而如何在市场经济条件下发挥市场配置资源的基础性作用是一个不容忽视的重要问题。在全球化和区域一体化背景下，资源要素在区域范围内的流动更加频繁，使得地区经济发展能够在更大的空间范围内争取资源要素的优化配置，在适合自身发展的产业连接点上实现经济活动的聚集，进而促进地方经济的突破性发展。

2. 区域规划编制的主要内容

(1) 战略定位

区域发展的战略定位是指某一地区未来在一定区域范围内所承担的职能和所处的地位，是对区域发展战略目标的总体概括与描述。区域发展战略是对区域整体发展的分析、判断而作出的重大的、具有决定全局意义的谋划。它的核心是要解决区域在一定时期内的基本发展目标和实现这一目标的途径。

区域发展战略既有经济发展战略，也有空间发展战略。经济总体发展战略通常把发展指导思想、远景目标和分阶段的发展目标、产业结构、主导产业、人口控制目标、各产业比例和发展方向作为谋划重点。经济部门发展战略主要是明确各部门的发展方向、远景目标、重点建设项目和实施政策。空间发展战略是对上述内容进行地区配置，以建立合理的空间结构。空间发展战略的重点是：确定开发方式，明确重点开发区域，确定区域土地利用结构，提出区域开发的策略和措施，制定区域近期重点建设项目的地区安排。

（2）战略目标

战略目标是发展战略的核心，是战略思想的集中反映，一般表示战略期限内的发展方向和希望达到的最佳程度。战略目标的制定要注意：目标要适中，既要有难度，又要有竞争性并现实可行；定性与定量相结合；各时期各部门目标相互衔接；突出重点，不包罗万象。

战略目标按期限分短期、中期、长期目标。短期目标又称近期目标，一般5年左右；中期目标，一般以10年为期；远期目标，或叫长期目标，通常在20年以上。

区域发展目标可以分为总体目标和具体目标，这两大目标构成一个完整的目标体系。总体发展目标是区域发展战略方案的高度概括，一般只用一两个具体的指标，加上适当的描述来表达。制定总体目标的目的在于明确区域发展方向、概括追求的区域"理想模式"或"理想状态"的总体面貌，动员和组织各方面的力量为实现理想的追求而努力。所以，总体目标应能体现社会的进步、经济的发展、人民生活水平的提高。它既要"理想化"，又要高度地综合、概括，因而难免比较抽象。这就要求在制定总体目标的同时，要确定一系列具体目标。具体目标是一系列指标体系，它要以总体目标为依据，又是总体目标的具体反映。区域规划的具体目标包括经济目标、社会目标和建设目标三个大类，每类又可分许多次一级的类别，形成一个战略目标系统。

（3）发展战略

国内外学者已经提出许多区域发展战略理论模式，就其类型来说，大体可分为经济发展战略模式和空间发展战略模式两大类，彼此之间相互交叉和相互关联。在全球化、信息化的影响下，区域与城市发展的动力机制及其空间表现都处于不断的快速变革之中，因此，如何去迎接这一新的时代挑战，并作出适合的战略性选择，对于区域的发展就显得很重要。

（4）总体布局

区域规划的总体布局从地理区域、经济区域两个不同层面入手，重视区域差异性，协调地理区域的人口、资源环境发展，协调区域经济布局，重视经济和社会事业共同发展等。

重点落实区域发展布局战略、资源开发、资源整治等重大设想，对国民经济和社会发展具有指导作用。

①地理区域

空间分异与区域资源协调。地理地形和自然资源是区域发展的基础。区域规划工作首先从自然资源和社会资源状况的调查入手，其次系统总结区域经济发展的各种自然与经济资源状况，然后初步评价区域发展的资源环境，为国家总体发展战略以及地区发展规划的制定奠定基础。

②经济区域

区域生产力布局与区域经济发展。区域规划的主体内容是因地制宜地落实生产力布局。通过地区产业结构的调整、跨省区重大基础设施的建设、跨省区统一市场的形成以及跨省区横向经济的联合与协作等方式，在很大程度上弥补了传统计划体制中重视行业计划、实行产品经济模式、轻视区域经济布局的缺陷。

利用不同区域的条件构筑不同类型的产业结构，注重通过发挥不同区域的比较优势，达到区域社会经济协调发展与整体开发的目标。特别是通过布局手段，扶持重点地区或开发轴线区域社会经济的重点建设，在区域非均衡增长中实现经济整体增长速度的最大化。

（5）支撑系统

①自然资源禀赋

自然资源是区域经济发展和生产力布局的基底，自然资源的数量影响区域发展的规模，自然资源的质量影响区域生产活动的经济效益，自然资源的地域组合影响区域产业结构。区域规划应关注生态环境的地域差异，维持人与自然、资源与环境的协调关系。

②经济性基础设施

A. 人口与劳动力资源。区域经济发展与人口分布的关系，不仅表现在与人口数量分布及变动的关系，更与人口（特别是作为生产者的劳动力人口）的就业结构等经济属性的变动及分布密切相关。在一定意义上，劳动力人口就业结构等经济属性的变动及分布，既是经济活动人口分布的重要内容，又是区域经济发展水平及结构特征的具体反映，同时也是引发人口分布的城市化过程和集中化变动的重要关联因素。

B. 交通、信息网络基础设施。一方面，综合交通运输体系和区域经济之间存在密切的关系。综合交通运输体系的建立促进地区经济的发展，同时可以承担更多的区际运输，从而带动整个区域经济的发展。另一方面，交通设施的投资建设和信息网络基础设施的提升在很大程度上促进了经济的发展和区域经济格局的演变。交通产业的发展在很大程度上存进了产业的分工及区域经济空间格局的发展和演变，很大程度上加速了产业流通和产业优化升级，从而促进了其相关地区的区域经济发展水平的提高。

③空间管制

通过空间管制和主体功能区规划，确定哪些区域适宜优化开发和重点开发，哪些区域应当限制开发和禁止开发。主体功能区划将国土空间划分为优化开发区、重点开发区、限制开发区和禁止开发区。空间管制中明确四类区域在区域发展布局中承担不同的分工和定位，配套实施差别化的区域政策和绩效考核标准，将逐步打破行政区划分割，改善政府空间管理的方式和机制，是市场经济条件下政府职能转变在区域管理方面的探索和体现，在区域开发体制和机制中，具有前沿性的地位。

主体功能区要求产业的转移从资源环境承载条件差的区域向资源环境承载条件好的区域转移，从不适于发展经济的区域向承担经济发展重任的区域转移。优化发展区内的资源环境负荷重的产业向重点开发区转移；限制开发区内的资源环境负荷重的产业向重点开发区和优化开发区转移；禁止开发区内的与区域功能定位不符的产业将向重点开发区和优化开发区转移。

④规划实施

区域规划要在区域经济和社会发展中发挥作用，关键是形成高效的区域规划执行体系和运行系统，保证区域规划的有效性和科学性。在目前市场经济条件下，区域规划管理的手段不再单纯依靠行政部门，而是依靠法律、经济、行政和社会监督等的综合运用。

A. 法律监督。加强立法工作，使区域规划可以依靠法律手段进行编制和实施。区域规划首要任务不是编制规划，而是通过立法，明确区域规划与现有各类规划的关系，确立区域规划的权威性和法律地位，实现其他各项规划的整合和统筹管理。

B. 经济政策。制定以产业政策和区域经济发展政策为核心的政策体系，以引导微观经济主体的活动和市场运行，积极增强区域规划管理部门调节经济的实力。

C. 行政措施保障。制定相应的行政保障措施，强调政令畅通，维护政府的权威性，增强行政管理部门对区域进行调控的及时性和严肃性。

D. 社会监督。通过社会监督的手段可以有效动员社会力量参与。在规划制定中，广泛吸收有关政府部门、专家学者参与，还可以向公众公布规划要点，征求公众意见，吸引公众参与。

E. 其他手段。及时审批各级区域规划。建立实施评价和定期报告制度，及时掌握区域规划的实施动态。

二、城镇体系规划

（一）城镇体系的概念与特征

1. 城镇体系的概念

与人和人之间的关系相同，任何一座城镇都不可能孤立地存在。正是由于城镇与城镇之间纷繁紧密的文化和物质交换，将区域内一个个彼此分离并且规模与职能各异的城镇有机联系起来形成一个整体，即城镇体系。

城镇体系的概念最早出现于 20 世纪 20 年代西方学者对城镇群的研究，后来被用于描述国家经济与地理状况，我国于 20 世纪 80 年代将其纳入规划实践。综合来说，城镇体系指在一个国家或相对完整的区域中，由一系列不同职能分工、不同等级规模并且空间分布有序的城镇所组成的联系密切、相互依存的城镇群体。

城镇体系的概念主要有以下几层含义：

（1）城镇体系的研究对象

一定是一个国家或相对完整区域内的城镇群体，一座独立的城镇不能作为研究对象。

（2）城镇体系的核心

中心城市。没有一个具有一定经济社会影响力的中心城市就不可能形成具有现代意义的城镇体系。

（3）城镇体系的构成

一定数量的城镇。城镇之间存在着职能、规模和功能方面的差异。

（4）城镇体系的特点

相互联系。通过不同区位、等级、规模、职能的城镇之间的相互联系，从而构成一个有机整体。

2. 城镇体系的特征

城镇体系作为一个"系统"，具备任何系统皆有的共同特征，即群体性、层次性、关联性、整体性、开放性和动态性。

（1）群体性

城镇体系是由两个或两个以上的要素所构成的整体。要素可以是单个城镇，也可以是一群城镇所构成的子系统，分为地域空间、等级规模、职能类型和网络系统等不同的组织形态。

（2）层次性

城镇体系通常由次级系统及派生出的子系统构成，具有明显的层次性，每个层次都由次级系统组成，同时又是更高层次的组成部分。这种层次，既与区域内的各城镇规模等级相关，也与地位与作用相联系。每个层次一般均有一个处于核心地位的中心城镇存在。

（3）关联性

城镇体系内各要素之间、要素与体系之间、体系与外部环境之间存在着政治、经济、文化等方面的联系。它们相互依赖，进而反作用于体系内部，促使其发展。

（4）整体性

城镇体系是区域城镇各组成部分的总和，是实体系统。同时，这些组成部分在相互作用的过程中会产生新的体系性质，这种性质不是各组成部分性质的总和，而是由体系内各城镇的有机联系和结构所决定。

（5）开放性

在商品和市场经济的大环境下，现代城镇均具有开发的特性。由于城镇体系是一定区域内各城镇的有机组合体，因此也应当顺应商品和市场经济的发展，形成开放的对外系统。不仅要注重区域内的各城镇的联系，也要推动区域之间的相互交流。

（6）动态性

城镇体系是一个动态的系统，它同样有着孕育、产生、发展、成熟、衰退和消亡的过程。城镇体系内部的人、物质、信息等在不断流动，与此同时，它与外部环境之间也在不断进行物质与文化的交换。因此，城镇体系内各城镇的规模、职能、布局形态等也随着这些变化而处在不断变化之中。

（二）城镇体系规划的地位与作用

1. 城镇体系规划的地位

城镇体系规划是在一个国家或相对完整的区域中，妥善处理各城镇之间、单个或多个城镇之间、城镇群之间，以及群体与外部环境之间的关系，以达到区域经济、社会、环境效益最佳的发展目的。

我国已经形成了由城镇体系规划、城市总体规划、分区规划、控制性详细规划、修建性详细规划等组成的相对完整的空间规划系列。其中城镇体系规划具有区域性、宏观性、总体性的作用，尤其对城乡总体规划起着重要的指导作用。

2. 城镇体系规划的作用

城镇体系规划用于合理处理体系内部各要素之间的相互关联，同时又要协调体系与外部环境之间的关系。

（1）统筹区域发展态势

重大基础设施通常需要从区域层面进行考虑。城镇体系规划可以发挥对重大建设项目及重大基础设施布局的综合指导功能，从区域整体效益最优化的角度出发，实现重大项目的合理布局以及建设时序的合理调控。

（2）综合评价发展基础

城镇体系规划的另一个重要作用是划定开发界限，明确区域内可开发与不可开发的范围，制定区域内资源保护和利用的措施，实现区域的可持续发展。

（3）协调城镇发展关系

城镇体系规划通过对区域内城镇的空间结构、等级规模、职能组合及网络结构协调安排，根据各城镇的发展基础与条件，从区域整体优化发展的角度指导各城镇形成良性有序的竞争与合作关系，促进区域的整体协调发展。

（4）指导总体规划编制

城镇体系规划是在考虑了与不同层次的法定规划协调后制定的，对实现区域层面与城镇有效衔接意义重大，是城市总体规划的基础。城市总体规划的编制要以全国城镇体系规划、省域城镇体系规划等为依据。

（三）城镇体系规划的内容

城镇体系规划就是在规划基础理论指导下，制定一套城镇体系由"现实状态"向"理想状态"逐步过渡的切实可行的实施方案。

城镇体系规划按行政等级和管辖范围，分为全国城镇体系规划，省域（或自治区域）城镇体系规划，市域（包括直辖市、市和有中心城市依托的地区、自治州、盟域）城镇体系规划，县域（包括县、自治县、旗域）城镇体系规划四个基本层次。另外，根据实际情况，还可以由共同的上级人民政府组织编制跨区域的城镇体系。城镇体系规划的年限一般为20年。

1. 城镇体系规划的一般内容

城镇体系规划的内容一般包括以下几点：

（1）综合评价区域与城市建设和发展条件

综合评价的目的是分析该区域内各个城镇的分布格局和演变规律，为预测城镇体系的发展提供参考。研究区域经济和城镇发展的有利条件和限制因素，包括自然条件、资源、劳动力、经济技术基础、区域交通条件等内容。深入分析区域内各产业部门的现状特点和存在的问题，明确各城镇中主要部门的发展方向。

（2）预测区域人口增长，确定城镇化目标

人口和城镇化水平的预测既要了解城市人口现状和历年来人口变化情况，更要研究城市社会，经济发展的战略目标，城市发展的有利条件和制约因素。常用的人口预测方法有综合增长率法、时间序列法、带眷系数法、资源环境承载力法等。常用的城镇化率预测方法有联合国法、时间趋势外推法、劳动力转移法等。

（3）确定本区域的城镇发展战略，划分城市经济区

根据城镇间和城乡间交互作用的特点，划分区域内的城市经济区，充分发挥城镇的中心作用，促进城乡统筹发展。同时，对城镇在经济、社会、环境等方面的发展做出全局性、长远性的谋划，制定出城镇在一定时期内的发展目标和实现目标的途径。

（4）提出城镇体系的职能结构和城镇分工

城镇职能结构的规划首先要建立在现状城镇职能分析的基础上，通过定量和定性分析相结合的方法，对比各城镇之间职能的相似性和差异性，确定城镇的职能分类。对重点城镇还应该确定它们的城镇性质，将它们的主要职能特征准确表达出来，使城市总体规划编制有所依循。

（5）确定城镇体系的空间布局

城镇体系的空间布局是把区域内不同职能和不同规模的城镇落实到空间，综合审度城镇与城镇之间、城镇与交通网络之间、城镇与区域之间的合理结合。主要内容有：分析区域城镇现状空间网络的主要特点和城市分布的

控制因素；制定区域不同等级的城镇发展轴线（或称发展走廊）；综合评定各城镇在职能和规模网络结构中的分工与地位，对它们今后的发展对策实行归类，为未来生产力布局提供参考。

（6）统筹安排区域基础设施和社会设施

区域基础设施包括区域交通运输、供排水、电力供应、邮电通信以及区域防灾等。区域社会设施包括区域性的教育、文化、医疗卫生、体育设施及市场体系等。

（7）确定保护区域生态环境、自然环境和人文景观以及历史文化遗产的原则和措施

在统一规划的指导下，建立良好的区域生态环境，保护好区域内人文景观以及历史文化遗产，是保证城镇和区域可持续发展的必要条件。

（8）确定各时期重点发展的城镇，提出近期重点

发展城镇的规划建议。城镇体系是以各级中心城市为核心的，重点城镇的发展对整个城镇体系的发展具有重要作用。应根据区域城镇体系的总体思路，提出基于区域合理发展的重点城镇规划对策。

（9）提出实施规划的政策和措施

要使城镇体系规划得以实施，必须要有可操作性的政策和措施的配合，关键是政府的引导和控制。主要内容包括：建立有效的行政管理和区域城镇建设与发展的协调机制；通过权力与资源的分配，改变交通系统与其他基础设施系统；通过政府对工业与公共项目的直接投资，影响城镇体系的完善和发展。

2. 城镇体系规划的扩充内容

规划要从全局出发，按城乡一体、协调发展的原则，认真确定城镇化和城镇发展战略，确定区域基础设施和社会设施的空间布局，确定需要严格保护和控制开发的地区，明确控制的标准和措施，确定重点发展的小城镇，提出保障规划实施的政策和措施。划定需要严格保护的区域和控制开发的区域及控制指标，综合安排城市取水口、排污口、垃圾处理场、天然气门站和管网、电网、城市之间综合交通网、物流中心等基础设施建设。

3. 城镇体系规划的强制性内容

城镇体系规划强制性内容是在规划中必须明确控制要求的部分，是对规划实施进行监督检查的基本依据。城镇体系规划的强制性内容应包括：

（1）区域内必须控制开发的区域

区域内必须控制开发的区域包括自然保护区、退耕还林（草）地区、大型湖泊、水源保护区、分泄洪地区、基本农田保护区、地下矿产资源分布地区以及其他生态敏感区等。

（2）区域内的区域性重大基础设施布局

区域内的区域性重大基础设施布局包括高速公路、干线公路、铁路、港口、机场、区域性电厂、高压输电网、天然气门站、天然气主干管、区域性防洪、泄洪骨干工程、水利枢纽工程、区域引水工程等。

第二节 乡镇规划

一、乡镇规划的工作范畴

（一）乡镇规划的法律地位

镇与乡同为我国的基层政权组织，实行直接管理群众性自治组织（村民委员会、居民委员会）的体制，是实现城乡统筹的关键点。而乡镇属于城乡居民点体系的交界层次，具有明显的不确定性，总体上处于变化过程之中，所以其外延难以界定。这是因为乡镇规划建设问题在立法上没有得到应有的重视，只是将其作为一种规模较小的城市一笔带过，或者将其雏形作为乡村中心，混同于一般村庄。乡镇的地位及其规划缺乏实事求是的定位和规范。

在城乡规划体系中，制定镇规划和乡规划是不同的组成部分，并自成系统。乡镇规划要更好地为社会主义新农村建设服务，注意保护资源和生态环境，从满足乡村广大村民和居民需要出发，因地制宜，量力而行，实现农村和镇区（乡中心区）经济、社会和生态环境的可持续发展。

（二）镇规划的工作范畴

我国除了建制市以外的城市聚落都称之为镇。镇人口数量较少，与农村还保持着联系。其中，具有一定人口规模，产业结构、人口和劳动力结构达到一定要求，基础设施达到一定水平，并被省（自治区、直辖市）人民政府批准设置的镇为建制镇。县城关镇是县人民政府所在地的镇，其他建制镇是县以下的一级行政单元。

1. 镇的现状等级层次—行政体系

镇的现状等级层次一般分为县城关镇（县人民政府所在地镇）、县城关镇以外的建制镇（一般建制镇）、集镇（农村地区）。我国县制是一个历史悠久、长期稳定的基层行政单元。县城关镇对所辖乡镇进行管理，是县城内的政级行政单元，是县域内的次级小城镇，是农村一定区域内政治、经济、文化和生活服务中心。按照国家规定，"集镇"包括"乡、民族乡人民政府所在地"和"经县人民政府确认的由集市发展而成的作为农村一定区域经济、文化和生活服务中心的非建制镇"两种类型。集镇不属于镇的规划范畴。

2. 镇的规划等级层次—规划体系

镇的规划等级层次在县域城镇体系中一般分为中心镇和一般镇。县城关镇多为县城范围内的中心城市。中心镇指县域城镇体系中，在经济、社会和空间发展中发挥中心作用，且对周边农村具有一定社会经济带动作用的建制镇，是带动一定区域发展的增长极核，在区域内的分布相对均衡。一般镇指县城关镇、中心镇以外的建制镇，其经济和社会影响范围仅限于本镇范围内，多是农村的行政中心和集贸中心，镇区规模普遍较小，基础设施水平也相对较低，第三产业规模和层次较低。

为体现政府的政策导向，有些地区还要求提出重点扶持和发展的"重点镇"，其在分布上往往是不均衡的。重点镇条件较好，具有发展潜力，是政策上重点扶持发展的镇。

3. 县城关镇（县人民政府所在地镇）规划的工作范畴

县人民政府所在地镇与其他镇虽同为镇建制，但两者从其管辖的地域规模、性质职能、机构设置和发展前景来看却截然不同，两者并不处于同一层次上。县人民政府所在地镇的规划参照城市的规划标准编制。

4. 一般建制镇（县城关镇以外的其他建制镇）规划的工作范畴

就编制的内容而言，镇规划的内容和城市规划的内容基本一致，但各有侧重。城市的规划是以中心城市为核心，在城镇体系规划中进行宏观的区域协调，中心城市具有强势的核心作用，是地区的经济中心。县城关镇同样具有这样的作用。而就一般建制镇的工作范畴看，他的规划介于城市和乡村之间，服务农村，有其特定的侧重面，既是有着经济和人口聚集作用的城镇，又是服务镇域广大农村地区的村镇。因此，这些镇的规划有别于城市和乡村，它的存在是为农村第一产业服务，又有第二、三产业的发展特征。

一般建制镇编制规划时，应编制镇（乡）域镇村体系规划，镇（乡）域镇村体系是镇人民政府行政地域内，在经济、社会和空间发展中有机联系的镇区和村庄群体。镇村体系村庄的分类有中心村和基层村（一般村），中心村是镇村体系中设有兼为周围村服务的公共设施的村；基层村是中心村以外的村。

（三）乡规划的工作范畴

所称的集镇，是指乡、民族乡人民政府所在地和经县级人民政府确认由集市发展而成，作为农村一定区域经济、文化和生活服务中心的非建制镇。其规划区，是指集镇建成区和应集镇建设及发展需要实行规划控制的区域。

（四）把握规划任务的属性

乡镇的规划应根据不同经济发展水平、不同类别、不同等级采用不同的发展策略，规划也要采用不同的编制手段。把握不同情况下的乡镇规划任务属性，体现规划编制中实事求是的务实作风。

1. 确定不同乡镇的规划范畴

镇、乡作为我国基层的行政组织，与广大农村地区有不同程度的关系。但由于我国地域广阔，地区差别大，不同地区不同发展条件的镇、乡，在规划编制的内容和方法上存在较多的差异。在规划编制中，如何把握规划任务的属性和范畴，不仅仅取决于规划对象的行政建制和级别，更重要地要看其经济社会特征，才能编制符合实际发展需要的、可以指导建设的实事求是的规划。

2. 经济发达的乡镇规划范畴采用更高层次

有些乡、集镇已经具有建制镇甚至小城市的特性，就不能纳入乡镇规划范畴，而应以城镇规划考虑。比如，由于地域发展条件或其他经济发展的特别原因，某些乡级建制的地区经济发展水平较高，非农经济比例较大，人们的生产和生活方式早已不是传统的农耕方式，而是与现代制造业和现代服务业为主，虽然由于种种原因仍然保留乡的建制，但实际城镇化趋势较为明显，无论产业方向、功能结构，还是人口和建设规模以及经济规模，都已经超过了乡的范畴，在规划编制思路和技术路线上需要从更高的层面和视角予以对待，可以将其纳入镇规划的工作范畴。

3. 现状基础差又不具备发展条件的镇，其规划可考虑纳入乡规划的范畴

一些山区镇，或许因为交通条件，或许因为生态限制要素，发展十分缓慢或不具备发展条件，而仅仅是因为行政建制的原因，作为建制镇设置，其产业结构仍以农村第一产业为主，基本没有工业和服务业，镇的空间形态也主要是乡村面貌，其实际意义就是乡村，而不具备城镇的特质，其规划范畴在技术层面上应纳入乡规划的范畴。

二、乡镇规划的主要任务

（一）镇规划的主要任务

1. 镇规划的作用

镇规划是管制空间资源开发，保护生态环境和历史文化遗产，创造良好生活生产环境的重要手段，是指导与调控镇发展建设的重要公共政策之一，是一定时期内镇的发展、建设和管理必须遵守的基本依据。镇规划在指导镇的科学建设、有序发展，充分发挥规划协调和社会服务等方面具有先导作用。

2. 镇规划的任务

镇规划的任务是对一定时期内城镇的社会经济发展、土地使用、空间布局以及各项建设的综合部署与安排。

镇总体规划的主要任务是：落实市（县）社会经济发展战略及城镇体系规划提出的要求，综合研究和确定城镇性质、规模和空间发展形态，统筹安排城镇各项建设用地，合理配置城镇各项基础设施，处理好远期发展和近期建设的关系，指导城镇合理发展。

镇区控制性详细规划的任务是：以镇区总体规划为依据，控制建设用地性质、使用强度和空间环境。制定用地的各项控制指标和其他管理要求。控制性详细规划是镇区规划管理的依据，并指导修建性详细规划的编制。

镇区修建性详细规划的任务是：对镇区近期需要进行建设的重要地区做出具体的安排和规划设计。

3. 镇规划的特点

（1）镇规划的对象特点

我国镇的数量多、分布广、差异大，具有很强的地域性；镇的产业结构相对单一，经济具有较强的可变性和灵活性；镇的社会关系、生活方式、价值观念处于转型期，具有不确定性和可塑性；镇的基础设施相对滞后，需要较大的投入；镇的环境质量有待提高，生态建设有待改善，综合防灾能力亟待加强，在地域发展中镇的依赖性较强，需要在区域内寻求互补与协作；镇的形成和发展一般多沿交通走廊和经济轴线发展，对外联系密切，交通联系可达性强。

（2）镇规划的技术特点

我国镇规划技术层次较少，成果内容不同于城市规划；规划内容和重点应因地制宜，解决问题具有目的性；规划技术指标体系地域性较强，具有特殊性；规划资料收集及调查对象相对集中，但因基数小，数据资料具有较大变动性；原有规划技术水平和管理技术水平相对较低，更需正确引导以达到规划的科学性和合理性；规划更注重近期建设规划，强调可操作性。

（3）镇规划的实施特点

目前政策、法规和配套标准不够完善，支撑体系较弱，更需要具体实施指导性；规划管理人员缺乏，需要更多技术支持和政策倾斜性；不同地区、不同等级与层次、不同规模、不同发展阶段的镇差异性较大，规划实施强调因地制宜；镇的建设应强调根据自身特点，采用适宜技术和形成特色；我国的镇量大面广，规划实施强调示范性和带动性；镇的建设要强调节约土地、保护生态环境；镇的发展变化较快，规划实施动态性强。

（二）乡规划的主要任务

1. 乡规划的作用

乡规划是做好农村地区各项建设工作的先导和基础，是各项建设管理工作的基本依据，对改变农村落后面貌，加强农村地区生产生活服务设施、公益事业等各项建设，推进社会主义新农村建设，统筹城乡发展，构建社会主义和谐社会具有重大意义。

2. 乡规划的任务

乡和村庄规划各阶段的主要任务如下：

（1）乡总体规划

乡总体规划是乡级行政区域内村庄和集镇布点规划及相应的各项建设的整体部署。包括乡级行政区域的村庄、集镇布点，村庄和集镇的位置、性质、规模和发展方向，村庄和集镇的交通、供水、供电、商业、绿化等生产和生活服务设施的配置。

（2）乡中心区建设规则

应当在总体规划指导下，具体安排集镇的各项建设。包括住宅、集镇企业、集镇公共设施、公益事业等各项建设的用地布局、用地规划，有关的技术经济指标，近期建设工程以及重点地段建设具体安排。

三、乡镇规划的编制

（一）乡镇规划编制的要求

1. 乡镇规划的原则

编制乡镇规划的根本目的是促进社会、经济、生态等方面的协调发展，为了达到这一目的，规划编制过程中应该遵循以下几点原则：

（1）以人为本原则

强调人文关怀，融入现代文明成果，建设适宜人类生活的人居环境，构筑具有一定乡土特色和历史传统的乡镇社会经济与文化发展模式。

（2）可持续发展原则

合理用地、节约资源、集约发展，充分利用现有建设用地，保护环境、保护历史文化，促进社会、经济、资源和环境的协调发展。

（3）城乡协调发展原则

在区域整体发展战略的指导下，谋求产业发展、人口分布、居民点建设、基础设施布局、生态环境改善的城乡有机整合，促进城乡经济、社会、文化互相融合，协调发展。

（4）因地制宜原则

乡镇之间的地域差异大，发展条件也各不相同，要充分发挥特色优势，强化地域特点，采用适宜技术，走特色发展之路。

（5）市场与政府调控相结合原则

规划应当按市场经济规律进行资源的合理配置，充分提高土地使用效率。对乡镇公益设施实现政府的有效调控，保证乡镇社会、经济、环境的综合协调发展。

2. 乡镇规划的层次划分

乡镇规划分为总体规划和详细规划，详细规划又分为控制性详细规划和修建性详细规划。县人民政府所在地的城关镇的总体规划包括县域城镇体系规划和县城区规划，其他镇的总体规划包括镇村体系规划和镇区规划两个层次。

3. 乡镇规划的年限

乡镇规划的年限应与所在地域城镇体系规划年限一致，并应该编制分期建设规划，合理安排建设时序，使开发建设程序与国家和地方的经济技术发展水平相适应。一般来讲，乡镇总体规划的年限为 20 年，同时可对远景发展做出轮廓性的规划安排。

（二）乡镇规划编制的内容

1. 总体规划纲要

总体规划纲要主要适用于规模较大的乡镇，用以解决规划初期对乡镇发展方向、空间布局和重大基础设施均不确定的问题。总体规划纲要需要论证乡镇经济、社会发展条件，原则确定规划期内发展的目标；原则确定镇村体系的结构和布局；原则确定乡镇的性质、规模和总体布局，初步提出规划区范围，选择乡镇发展用地。

2. 县城关镇总体规划

县政府所在的城关镇对全县经济、社会、文化等事业起着带领作用，因此县城关镇的总体规划应该按照省域城镇体系规划以及所在市的城市总体规划提出相应的引导措施和调控要求。

（1）县域城镇体系规划

综合评价县域发展条件；提出县域城乡统筹的发展战略；确定生态环境、土地和水资源、能源、自然和历史文化遗产等方面的保护与利用的综合目标和要求，提出空间管制原则和措施；预测县域总人口及城镇化水平，确定各乡镇人口规模、职能分工、空间布局和建设标准；提出重点城镇的发展定位、用地规模和建设用地控制范围；确定县域交通发展策略；统筹布局县域交通、通信、能源、供水、排水、防洪、垃圾处理等基础设施，重要社会服务设施；制定综合防灾和公共安全保障体系的原则；划定城市规划区；确定空间发展时序；提出实施规划的措施和有关建议。

（2）县城关镇区总体规划

分析确定城市性质、职能和发展目标，预测县城人口规模；确定建设用地规模，划定建设用地范围；划定禁建区、限建区、适建区和已建区，并制定空间管制措施；安排各类用地；确定绿地、河流水系、历史文化和地方特色等的保护内容和要求，划定保护范围，提出保护措施；确定交通、电信、供水、排水、供电、燃气、供热、环卫等的发展目标及总体布局；确定生态环境保护与建设目标，提出污染控制与治理措施；确定综合防灾与公共安全保障体系等规划原则和建设方针；划定旧区范围，确定旧区有机更新的原则和方法，提出改善的标准和要求；确定空间发展时序，提出规划实施步骤、措施和政策建议。

3. 一般乡镇总体规划

一般乡镇的规划应当依据所在地的城市总体规划、县域城镇体系规划，结合本乡镇的经济社会发展水平，对乡镇内的各项建设做出统筹布局与安排。

(1) 镇（乡）域镇村体系规划

调查镇区（乡中心区）和村庄的现状，分析其资源和环境等发展条件，预测一、二、三产业的发展前景以及劳力和人口的流向趋势；落实镇区规划人口规模，划定镇区用地规划发展的控制范围；根据产业发展和生活提高的要求，确定中心村和基层村，结合村民意愿，提出村庄的建设调整设想；确定镇域内主要道路交通，公用工程设施、公共服务设施以及生态环境、历史文化保护、防灾减灾防疫系统。

(2) 镇区（乡中心区）总体规划

确定镇区（乡中心区）各类用地布局；确定道路网络，对公共设施和基础设施进行合理安排；建立环境卫生系统和综合防灾防疫系统；确定生态环境保护与优化目标，提出污染控制与治理措施；划定江、河、湖、水库、水渠和湿地等地表水体保护与控制范围；确定历史文化保护及地方特色保护的内容及要求。

4. 镇区（乡中心区）详细规划

(1) 控制性详细规划

确定规划范围内不同性质用地的界线；确定各地块主要建设指标的控制要求与城市设计指导原则；确定地块内的各类道路交通设施布局与设置要求；确定各项公用工程设施建设的工程要求；制定相应的土地使用与建筑管理规定。

(2) 修建性详细规划

建设条件分析及综合技术经济论证；建筑、道路和绿地等的空间布局和景观规划设计；提出交通组织方案和设计；进行竖向规划设计以及公用工程管线规划设计和管线综合；估算工程造价，分析投资效益。

(三) 乡镇规划编制的方法

1. 乡镇现状调研与分析

为科学合理地制定规划，在乡镇规划中应当首先对现状资料和情况进行调研与分析。

(1) 基础资料的搜集

基础资料主要包括以下几个方面：

①自然环境资料。主要包括地形地貌，地质构成，历年气象和水文资料，测量的地形图等。

②技术经济资料。主要包括自然资源，土地利用资源，国民经济主要指标，工矿业、交通运输、仓储的现状及规划等。

③人文社会资料。主要包括历史沿革，人口构成，文化状况，居民点概况，建筑现状，工程设施，人防设施，绿地、风景区、文物古迹和环境等资料，以及年度政府工作报告、近五年统计年鉴、五年经济发展计划、地方志等。

(2) 现状调研的要点

现状调研要与相关上位规划的要求保持一致，尤其在区域性道路系统、重大基础设施、生态安全系统等方面应符合有关专项规划的要求。调研过程中要注意生态环境保护、工程地质、地震、安全防护、绿化林地等方面的限建要求。

加强村庄整合规划研究，促进新农村建设，对涉及大规模村庄搬迁改造的项目应充分征求当地群众的意见。对现状用地应增加用地权属调查，对国有土地、集体土地进行全面分析，公平合理的统筹制定用地规划。对现状土地使用情况进行调查统计，明确现状保留用地、可改造用地和新增用地，在规划时优先考虑存量土地的利用。

现状调研不仅应调查已经建成的项目，还应注意对已批未建项目、未批已建项目进行逐一调查分析，在与当地政府、建设单位和有关部门进行充分沟通、分析研究后再提出规划解决方案。

2. 乡镇性质的确定

乡镇的性质是指乡镇在地区政治、经济、社会和文化生活中所处的地位与作用及担负的主要职能，即乡镇的个性、特点和发展方向。

正确确定乡镇的性质,对明确乡镇的发展方向,调整优化用地布局,保持地方风貌,获取较好的社会经济效益都具有重要意义。同时也有利于充分发挥优势,扬长避短,促进乡镇经济的持续发展和经济结构的日趋合理。

(1) 确定乡镇性质的依据

①区域地理条件

乡镇所在地区的地理和自然条件,对乡镇的形成和发展有着重要的影响。因此在确定乡镇性质时必须了解区域的地形、地貌、水文、地质、气象及地震等自然条件,了解地理环境的容量、交通运输现状和发展方向,以及城镇网络的分布及发展趋向等。这对乡镇发展用地选择,工业企业的设置、布局起着决定性作用。

②资源条件

资源是乡镇发展的基础,资源一般分为三大类,自然资源、社会资源和经济资源。自然资源包括矿藏、土地、水、生物等;社会资源包括人力、生产技术、公用设施等;经济资源包括风景、人文等。资源条件不应当只局限于乡镇本身,还应该扩大到区域的范围。因此在规划中需要对乡镇所在区域的各项资源进行全面分析和评价,弄清乡镇发展在资源供应方面的有利条件与限制因素,这对确定区域与乡镇的发展方向和发展重点有重要意义。

③国民经济发展计划与国家的方针政策

国民经济发展计划与国家的方针政策直接影响到乡镇工业、交通运输、文教科研事业的发展规模和速度。计划建设的重大项目往往可以决定一个乡镇的性质,因此要对国民经济发展计划与国家的方针政策进行了解。

④区域经济结构与经济联系

区域经济结构包括生产结构、消费结构、就业结构等多方面内容。将区域生产结构与资源结构、消费结构相结合,可以认识经济结构现状的利弊。进而明确经济结构调整的重点和方向。经济联系是生产力布局和地域经济结构特点与差异的反映,全面分析区内和区际的经济联系,有助于揭示生产力布局和区域经济结构上的不合理之处,为调整生产力布局和区域经济结构提供重要依据。同时需要对区域内各乡镇的发展条件进行具体比较,分析各乡镇的现状特点，包括乡镇性质和职能分工，从而明确乡镇在地域分工中所起的主要职能。

⑤乡镇的发展历史与现状

乡镇的历史对今后乡镇的发展有着重要的借鉴作用。因此应该着重了解乡镇产生和形成的社会经济背景及其他地理位置条件、乡镇职能、规模和影响范围的历史演变以及引起乡镇发展变化的内外部原因等。乡镇的现状是乡镇发展的基础，应重点分析生产、生活水平和设施现状，各类用地的使用特征和比例，各个系统的运转质量和效能，找出影响乡镇发展的主要矛盾，明确发展前景。

(2) 确定乡镇性质的方法

乡镇性质的确定首先应该从全局出发，充分考虑区域对乡镇发展的影响，乡镇的性质绝不可以仅仅考虑乡镇自身的条件，而首先应该考虑乡镇所处的区域条件。以区域规划为依据，展开全面的区域调查与研究，明确乡镇发展的有利条件与不利因素，从而为确定乡镇的发展方向，提供依据。

乡镇性质的确定主要有定性分析和定量分析两种，实际运用中可以采用定性与定量相结合的分析方法，对乡镇本身进行调查。

①定性分析

分析乡镇在地区政治、经济、文化生活中的地位作用、发展优势、资源条件、经济基础、产业特征、区域经济联系和社会分工等，确定镇的主导产业和发展方向。

②定量分析

在定性分析的基础上对乡镇的职能，特别是经济职能作进一步的定量分析，采用一定的技术指标，确定主导作用的生产部门；分析主要生产部门在其所在地的地位和作用；分析主要生产部门在经济结构中的比重；分析主要生产部门在乡镇用地结构中的比重。

3. 乡镇人口规模预测

(1) 人口规模的概念

从乡镇规划的角度来看，乡镇的人口应是指那些与乡镇功能活动有着密切关系的人口，他们居住生活在乡镇的范围内，既是乡镇各项设施的使用者，同时也是乡镇服务的对象。乡镇规划的人口规模应该包括两个不同层次的内容：一是规划期末镇（乡）域内的总人口，应为乡镇行政区域内户籍、寄住人口之和，即镇（乡）域常住人口。二是规划期末镇区（乡中心区）的农业人口、非农业人口和寄住人口之和，即镇区（乡中心区）常住人口。

（2）乡镇建设用地选择

建设用地的选择应根据区位和自然条件、占地的数量和质量、现有建筑和工程设施的拆迁和利用、交通运输条件、建设投资和经营费用、环境质量和社会效益以及具有发展余地等因素，经过技术经济比较，择优确定。

建设用地宜选在生产作业区附近，并应充分利用原有用地调整挖潜，同土地利用总体规划相协调。需要扩大用地规模时，宜选择荒地、薄地，不占或少占耕地、林地和牧草地。

建设用地宜选在水源充足，水质良好，便于排水、通风和地质条件适宜的地段。

在不良地质地带严禁布置居住、教育、医疗及其他公众密集活动的建设项目。因特殊需要布置本条

严禁建设以外的项目时，应避免改变原有地形、地貌和自然排水体系，并应制订整治方案和防止引发地质灾害的具体措施。

建设用地应避免被铁路、重要公路、高压输电线路、输油管线和输气管线等所穿越。

位于或邻近各类保护区的镇区，宜通过规划，减少对保护区的干扰。

4. 乡镇总体布局

乡镇总体布局是对乡镇各类用地进行功能组织。在进行总体布局时，应在研究各类用地的特点要求和相互之间的内在联系基础上，对乡镇内各组成部分进行统一安排和统筹布局，合理组织全乡镇的生产、生活，使它们各得其所并保持有机的联系。

（1）乡镇总体布局的影响因素

乡镇总体布局的形式是由多种因素共同作用的结果，这些因素包括：区

域条件、资源环境、产业发展状况、乡镇建设现状、道路交通体系等。

（2）乡镇总体布局的形式

乡镇总体布局的形式可以分为集中式与分散式两大类，其中集中布局形式可分为块状式、带状式、双城式和集中组团式、分散式布局形式可分为集中组团式、分散组团式和多点分散式布局。

①块状式布局

块状式也可称饼状或同心布局模式，是由乡镇中心逐渐向外扩展而形成，是乡镇布局常见的形态模式。尤其在平原地区，乡镇由中心逐渐地向周围自由扩散演变，大多具备用地紧凑、中心单一、生产与生活连片的特点，在发展规模达到一定程度后，可形成新的中心。

②带状式布局

带状式主要受交通条件、山体与河流等社会和自然条件的影响而形成。这种布局一般纵向较长，横向较窄，以主要道路为轴组织生活与生产，具有自然的亲和性，生态环境较好。但乡镇内交通组织与用地功能组织的矛盾相对较复杂。这种形态下的进一步发展要尽量避免两端延伸过长，宜将狭长的用地划分为若干段，按生产与生活配套原则，配置生活服务设施，分别形成一定规模的综合区及中心，同时，应重点解决纵向交通联系问题。

③双城式布局

双城式布局是一种由两个独立组团整合组建为整体协调发展的乡镇空间布局形态。采用这种形式进行规划布局应该力求两个组团合理分工、互为补充、协调发展，避免各自为政，盲目扩大规模。

④集中组团式布局

集中组团式是由于地形条件、用地选择或用地功能组织上的需要，按地形或交通干道划分若干组团。每组团生产、生活基本配套并相对独立，组团之间空间距离不大。

⑤分散组团式布局

分散组团式布局是因地形和用地条件限制以及乡镇空间发展需求，乡镇由分散的若干组团形成，各组团间保留一定的空间距离，环境质量较好。采用分散组团式规划布局时应组织好组团间交通联系，节约乡镇建设投资及管理运行费用，避免用地规模过大。

⑥多点分散式布局

多点分散式布局是因为受地形和矿产资源分布的影响，以采掘加工为主的工矿型乡镇分散建设，生产、生活就地简单配套所形成的布局空间形态。其过于分散，对生产、生活和乡镇建设发展不利。

5．乡镇用地布局

（1）居住用地规划

居住用地的选址应符合乡镇用地布局的要求，有利生产，方便生活，具有适宜的卫生条件和建设条件，具有适合建设的工程地质和水文地质条件，宜相对集中布置，同时减少相互干扰，节约用地。居住用地选址还应考虑相邻用地的功能、道路交通等因素，考虑非常情况下居民安全的需要，如战时人民防空、雨季防洪防汛、地震时的疏散躲避等需要。

新建居住用地应优先选择靠近原有居住建筑的位置，从而形成一定规模的居住区，便于生活服务设施的布置。旧区居住街巷的改造，应该因地制宜保留传统特色，控制住户总量，并应改善道路交通，完善公用设施配套，做好环境绿化。

（2）公共设施用地规划

由于公共设施的必须性，其本身就是一个环境形成的重要成因，在规划过程中，公共设施布置应考虑乡镇景观组织的要求，合理利用地形等自然条件，通过不同公共设施和其他建筑协调处理与布置，创造出具有地方特色的乡镇景观。

公共设施的布局对周围环境也有所要求：①教育和医疗保健机构必须独立选址，其他公共设施宜相对集中布置，形成公共活动中心；②商业金融机构和集贸设施宜设在乡镇人口稠密和交通便捷地段；③学校、幼儿园、托儿所的用地，应设在阳光充足、环境安静、远离污染和不危及学生及儿童安全的地段，距离铁路干线应大于300m，主要入口不应开向公路；④医院、卫生院、防疫站的选址，应方便使用并避开人流和车流大的地段，并应满足突发灾害事件的应急要求；⑤集贸市场用地应有利于人流和商品的集散，并不得占用公路、主要干路、车站、码头、桥头等交通量大的地段；不应布置在文体、教育、医疗机构等人员密集场所的出入口附近和妨碍消防车通行的地段；影响镇容环境和易燃易爆的商品市场，应设在集镇的边缘，并应符合卫生、安全防护的要求；集贸市场用地的面积应按平集规模确定，并应安排好大集时临时占用的场地，休集时应考虑设施和用地的综合利用。

(3) 生产设施和仓储用地规划

镇区（乡中心区）工业用地的规划布局中，应选择靠近水源、电源和对外交通的地段；同类型的工业用地应集中分类布置，协作密切的生产项目应邻近布置，相互干扰的生产项目应予分隔；应紧凑布置建筑，宜建设多层厂房；应有可靠的能源、供水和排水条件，以及便利的交通和通信设施；公用工程设施和科技信息等项目宜共建共享；应设置防护绿带和绿化厂区；应为后续发展留有余地。

农业生产及其服务设施用地的选址和布置中，农机站、农产品加工厂等的选址应方便作业、运输和管理；养殖类的生产厂（场）等的选址应满足卫生和防疫要求，布置在镇区和村庄常年盛行风向的侧风位和通风、排水条件良好的地段，并应符合现行国家标准的有关规定；兽医站应布置在镇区的边缘。

仓库及堆场用地的选址和布置应按存储物品的性质和主要服务对象进行选址；宜设在镇区边缘交通方便的地段；性质相同的仓库宜合并布置，共建服务设施；粮、棉、油类、木材、农药等易燃易爆和危险品仓库严禁布置在镇区人口密集区，与生产建筑、公共建筑、居住建筑的距离应符合环保和安全的要求。

(4) 绿地用地规划

镇区（乡中心区）的绿地分为公共绿地和防护绿地两类。公共绿地又包括公园绿地、街头绿地等，公共绿地应均衡分布，形成完整的绿地系统。

公园绿地应结合河流山川、道路系统以及生活居住区的布局综合考虑，方便居民到达和使用。公园绿地的选址应充分利用不宜于工程建设和农业生产的用地，可选择在河湖沿岸，充分发挥亲水的作用，并且有利于改善乡镇的小气候；可选择林木较多和有古树的地段；也可选择名胜古迹及革命历史文物所在地。

街头绿地的选址应方便居民使用，以配置树木为主，适当布置步道及座椅等设施。

6. 道路交通规划

道路交通规划主要应包括镇区（乡中心区）内部的道路交通、镇（乡）域内镇区（乡中心区）和村庄之间的道路交通以及对外交通的规划。

乡镇的道路交通规划应依据县域或地区道路交通规划的统一部署进行规划，并应根据乡镇用地的功能、交通的流向和流量，结合自然条件和现状特点，确定镇区（乡中心区）内部的道路系统，以及镇（乡）域内镇区（乡中心区）和村庄之间的道路交通系统，应解决好与区域公路、铁路、水路等交通干线的衔接，并应有利于镇区（乡中心区）和村庄的发展、建筑布置和管线敷设。

第三节 村庄规划

一、村庄规划设计内容、程序与方法

（一）村庄规划内容

村庄规划分为村庄总体规划和村庄建设规划两个阶段。村庄总体规划的年限一般为20年，建设规划的年限一般为10年。对于规模较小，功能单一的村庄，可以一次做到建设规划深度。

1. 总体规划

主要解决村庄布点规划、村庄的位置、性质、规模和发展方向，村庄的交通、供水、供电、商业、绿化等生产和生活服务设施的配置等内容。其规划重点包括经济发展规划、村庄建设规划、村庄土地利用规划、环境保护规划、生态建设规划、景观规划、文明建设规划。

2. 村庄建设规划

以总体规划为指导，具体安排村庄的各项建设，包括村域规划和村庄建设。其中，村域规划主要明确村域范围内的各类用地总量，界定不同用地的范围，确定居民点和主要基础设施的位置和规模，解决村庄对外交通问题，划分村域范围内的禁建、限建和适建区域。包括：划分基本农田保护区；功能相同的土地整合布局；特色种植土地－特色种植基地；明确村域绿化面积及范围。

（二）村庄规划设计程序与方法

1. 村庄规划设计程序

（1）规划前期

村庄规划相关基础资料：村庄的基本情况（区位、规模、性质）、自然、经济、社会各个方面的资料和数据；村庄用地及各项建设情况如村庄民族文化特点、历史传承及村庄特色等。村庄上位规划及相关政策法规，包括乡镇域规划、乡镇发展规划、经济发展规划、各种专项规划如产业规划、农业规划等，上位村镇体系规划和村庄居民点体系规划以及国家或当地出台的相关政策法规资料。

图纸资料和技术资料：村庄规划需要收集的图纸资料包括村庄现状图（1∶1000 至 1∶2000），有条件村庄还应准备村域现状地形图（1∶10000）；若无现成图件，应及时进行测绘。相关的技术资料主要是跟村庄规划有关的相关行业标准及技术规范。

现场调研资料：主要是对村庄建筑、宅基地、道路、绿化、设施等进行现场踏勘，并通过访谈、问卷调查等方式，获取村民信息及规划需求和意愿。

（2）规划中期

村庄规划方案形成与编制。根据前期基础资料的调研分析，针对村庄存在的问题提出解决对策和方案，听取村民意见，召集有关部门对方案进行讨论和研究，最终确定最佳方案。并完成规划图纸、文本和说明书的编制与撰写。

（3）规划后期

规划成果审批与实施。村庄规划成果经村民审议同意后经镇政府批准向上一级报批，批准后实施。

2. 村庄规划设计方法

村庄规划的方式方法多样，但总的来说主要有三种。

调研法：调研法包含现场勘查、座谈会访谈、入户访谈和发放问卷等形式。通过这些途径，获取村庄规划必要的基础资料和信息。

模型法：为反映村庄规划的整体效果，可采用模型法更直观、具象地对规划方案进行推敲和比较。

对比分析法：村庄规划从解决不同问题的角度可形成多个方案，可从土地资源的有效利用程度、建设成本的经济性、安全性及管理的便利性等对方案进行对比分析，最终评选最优方案。

（三）村庄总体规划

1. 村庄性质与目标确定

村庄性质是指在一定区域和一定时间内，村庄在政治、经济、文化等方面的主要职能，即村庄的特点和主要发展方向；村庄性质是村庄规划的依据。村庄性质可从村庄的资源条件、区域发展背景、村庄历史演变和村庄物质要素特点等方面进行分析确定。

资源条件：对村庄发展有直接影响的资源包括自然资源（水资源、森林资源、风景资源）、农业资源、矿产资源、人力资源。通过对上述资源进行调查分析，对村庄的发展方向做出恰当的评价。

区域发展背景：区域的产业布局、交通条件、村镇体系的布局与发展方向都对村庄的产业发展方向、性质规模有重大影响。

历史演变：通过调查、分析、研究村庄发展建设的历史尤其是历史文化名城、传统村落，了解村庄的职能、规模和变迁原因，对确定村庄的发展方向、性质及规划研究重点起着重要作用。

村庄现状特点：村庄现状是村庄发展的基础，通过对村庄发展现状进行调查分析，梳理村庄建设发展的特点和影响因素，有利于认清村庄的发展优势，把握村庄的发展趋势。

村庄职能：根据村庄在乡镇域范围内承担的经济、社会及其他方面的职能及影响，村庄可以分为一般性村庄、经济职能型村庄、特殊职能型村庄。

在村庄规划过程中，需要综合研究上述影响因素采用定性分析和定量分析相结合的方法确定村庄性质。

2. 村庄发展目标确定

村庄规划应基于村庄发展现状特点，结合村庄发展存在的主要问题，提出明确的经济、社会、文化建设、人居环境建设等相关目标。

（1）村庄发展规模确定

村庄发展规模主要指人口和用地规模，而用地规模随人口规模变化，因此，村庄规模一般以人口规模来确定。村庄规划在确定了发展目标后，需要根据规划的相关要求估算村庄的人口规模。

（2）村庄建设用地选择及用地标准

村庄规划建设用地选择：村庄规划应对规划区范围内的土地进行土地适宜性评价，根据评定结果，划分一类用地、二类用地和三类用地，并确定适宜建设区、限制建设区和禁止建设区范围。建设用地应以一、二类用地为主，具体用地选择需要注意以下几个方面：

①结合地理位置、自然条件、交通运输条件、占地数量和质量、建筑和工程设施的现状、投资建设和经营管理的费用、环境质量和社会效益等因素，择优选择村庄建设用地。

②村庄建设用地应选择在水源充足、水质良好、便于排水、通风向阳和地质条件适宜的地段。

③为保障生产和生活需要紧密联系，村庄建设用地选择在生产作业区周围，保证与基本农田保护区规划相协调。

④需增加建设用地时，应尽量选择沙地、荒地、不占或少占耕地、林地和优质牧地。

⑤避开山体滑坡、泥石流、地震断裂带等不良地质地段。

⑥建设用地尽量避免被铁路、高速公路和高压输电线路穿过。

建设用地标准：建设用地标准主要有人均建设用地指标、建设用地构成比例指标等。

3. 村庄总体布局

村庄总体布局是协调统筹村庄各组成要素空间组织的关系，是对村庄各主要组成部分的统一安排，其工作重点包括村庄建设用地选择、村庄发展方向和空间布局形态的考虑。

（1）村庄发展方向

村庄总体规划布局必须考虑村庄未来空间发展方向。村庄空间发展方向受生产力分布、资源状况、自然环境、村庄建设条件等影响。确定村庄空间发展方向需要选择有利的自然条件、尽量少占耕地农田、保护自然和历史资源、满足基础设施建设并为村庄合理布局和长远发展创造条件。

（2）村庄空间布局形态

村庄空间布局是要解决各种生产、生活活动、各项用地的组织安排，布局应体现用地组织紧凑性、用地功能完整性及用地布局和用地面积富有弹性的要求。村庄空间布局受村庄形成发展历史影响，也受政治、经济、文化、社会以及自然条件等因素的制约，空间布局形态多样，常见的有圆块状布局、弧形条带状布局、星指状布局等。

（四）村庄规划成果编制

村庄规划的成果包括规划图纸和规划文本说明（含基础资料汇编）。其中，图纸主要有：

1. 村庄区位图

标明村庄在乡（镇）域及村域的位置，分析村庄与周边村镇的关系，比例尺根据乡镇域范围和村域大小而定。

2. 村域现状图

应标明村域产业（含耕地等自然资源）、现状用地布局及范围、村庄（居民点）用地范围；村域公益性公共服务设施及重要基础设施现状分布，道路及工程管线的分布走向等。比例为1：（5000～10000）。

3. 村域规划图

结合村域现状，添加集中供水设施、污水处理设施、公共厕所、特色种植区、养殖基地、工业基地等内容。图上应标明村域产业（含耕地等自然资源）、规划用地布局及范围、村庄（居民点）用地范围；村域公益性公共服务设施及重要基础设施布点，道路规划走向和断面形式及工程管线的位置走向等。

4. 村域空间管制图

结合土地利用规划、生态适宜性、工程地质、资源保护等因素确立规划区域的适宜建设区、限制建设区和禁止建设区。

5. 村庄建设现状图

村庄建设现状图包括各类建筑的分布、使用性质、建筑质量与层数；道路走向和宽度、道路交通和车站位置；给排水系统、水源地位置、电力电讯及其他基础设施等位置。主要公建和企业的位置与规模；其他对村庄规划有影响的需要在图纸上表示的内容。其中，建筑质量等级分类可单独出图。村庄建设现状图也可根据需要单独出各专项规划的图纸，如用地现状布局图、道路现状图、绿化系统现状图、主要设施现状图、工程设施现状图等。图纸比例一般为1：（500～1000）。

6. 村庄用地规划布局图

对村庄各类用地进行合理布局，确定各类建设用地性质、范围，标明相应的控制指标等、主要公共设施及公共绿地的配置内容等。图纸比例一般为1：（500～1000）。

7. 村庄建设规划总平面图

村庄建设详细布置总平面图，标明规划建筑、公共绿地、道路广场、停车场、河湖水面等的位置和范围。图纸比例为1：（500～1000）。

8. 村庄道路交通规划图

标明主次干道的位置、走向、红线宽度、断面形式、控制点坐标及标高、广场、停车场位置和用地范围等。

9. 竖向规划图

标明道路交叉点、变坡点控制标高、室外地坪规划标高。

10. 综合工程管网规划图

标明水源及污水设施位置、确定给水和排水系统；表明设施管线的走向、管径、主要控制点标高以及有关设施和构筑物的位置、规模；确定公用设施管线综合管位。

二、村庄专项规划

（一）村庄建设规划

1. 村庄布局规划

村庄布局要集中紧凑，避免无序扩张；并结合自然条件和地方文化、生产生活方式突出和体现村庄特色。同时注意新老村庄衔接，形成合理有序的空间结构。合理安排村庄各类用地，有序组织住宅建筑、公共建筑、道路、绿化、市政设施及其他建设，使村庄空间布局合理，实现可持续发展。村庄布局工作重点为布局结构及不同空间的组织。

（1）布局结构

村庄住宅组团组织形式，常见的有：①组团—村庄；②院落—组团—村庄；③院落—村庄。

（2）不同空间组织

村庄不同空间组织包括街道空间布局、院落空间、村口空间、生产空间、生产辅助用房及绿化空间布局等内容。其中街道空间的规划建设可通过沿村内一些重要道路布置连续的公共服务设施和住宅，形成一条或多条街道空间，提升村庄活力。院落空间可利用纵横方向多进的方式、道路转折点、交叉口等条件组织院落空间，形成村庄空间特色；村口空间则主要选择在村民主要出行方向合适位置，并结合一定的景观设计，形成富有地方特色和标志性的出入口空间。滨水空间重点处理水与道路、建筑、绿化、产业以及人的活动之间的关系，充分发挥滨水环境和景观的优势，形成重要的游憩休闲、环境保护的带形空间。村庄生产辅助用房布局在满足卫生和生产安全的前提下,可分散在村内布置或相对集中布局在村庄周围,以适应农业生产、方便村民生活。

2. 村庄道路交通规划

村庄道路交通规划强调系统性、可达性。系统性强调路网的等级、分类及各级道路的宽度;可达性则指交通的连贯性及通达性。道路交通规划需要确定道路系统组成、各级道路宽度及停车问题。村庄道路系统一般由村庄主要道路(路面宽度6～9m)、村庄次要道路(路面宽度3～5m)、宅间道路(路面宽度2.5～3m)组成。路网形式有街巷空间式、环形＋枝状、网格状等形式。一般整治型村庄以前者为主,新建村庄路网更多构建环形＋枝状模式。

3. 公共服务设施布局

村庄公共服务设施根据使用性质特点分为公益性和经营性两大类。其中公益性公共服务设施主要有文化、教育、行政管理、医疗卫生、体育健身等。经营性公共服务设施则指日用百货、集市贸易、食品店、粮店、综合修理店、小吃店、便利店、理发店、娱乐场所、物业管理服务公司、农副产品加工点等项目。公共设施规划布局根据村庄情况特点可相对集中布置在村民方便使用的地方,如村口、村中心或主要道路旁;或分散布置于村内多处地方。根据具体情况,村庄公共服务设施可结合村内公共活动场地进行布置,呈点状布局形态,形成村庄内部公共活动中心;或结合村庄主要道路布置,形成带状布局形态。一般前者常见于小规模性村庄,后者则以大型村庄为主。

4. 绿化布局

村庄绿化布局应注重村庄风格的协调统一,结合村庄自然山水、田园风光进行布置,以呈现自然生态的村庄整体风貌,并努力实现四季有绿、季相分明的村庄绿化景观效果。一般绿化可结合村口、道路两侧、不适宜建筑物区、滨水地区以及不宜建设地段作为绿化布置的重点,有条件并且规模较大的村庄可设置公共绿地甚至公园。村庄绿化则应以乔木为主,灌木为辅,必要时增加花草进行点缀。绿化植物的品种应以当地乡土树种为主。

5. 产业布局

村庄产业布局应以集约用地、整合资源为目标,从乡镇域的角度出发,结合本地产业发展情况,推进产业特色化、多样化、现代化发展,合理布局。

6. 工程设施及防灾

村庄工程设施布局重点解决主要工程设施选址布置及管网管线走向及管径大小选择。其中,环境卫生设施公共厕所的设置应结合村庄规模大小及实际需求进行考虑。一般1500人以下规模的村庄,可设置1～2座公厕;1500人以上规模的村庄,宜设置2～3座公厕。

防震规划要求农村房屋建设满足一定的强度要求,能抵抗地震灾害。通过设置避难通道,做好防灾的工作,力保农民的生命及财产安全。

(二)村庄整治规划

1. 村庄整治规划内容

(1)村庄安全防灾整治

分析村庄内存在的地质灾害隐患,提出排除隐患的目标、阶段和工程措施,明确防护要求,划定防护范围;提出预防各类灾害的措施和建设要求,划定洪水淹没范围、山体滑坡等灾害影响区域;明确村庄内避灾疏散通道和场地的设置位置、范围,并提出建设要求;划定消防通道,明确消防水源位置、容量;建立灾害应急反应机制。

(2)农房改造

提出既有农房、庭院整治方案和功能完善措施;提出危旧房抗震加固方案;提出村民自建房屋的风格、色彩、高度控制等设计指引。

(3)生活给水设施整治

合理确定给水方式、供水规模,提出水源保护要求,划定水源保护范围;确定输配水管道敷设方式、走向、管径等。

(4)道路交通安全设施整治

提出现有道路设施的整治改造措施;确定村内道路的选线、断面形式、路面宽度和材质、坡度、边坡护坡形式;确定道路及地块的竖向标高;提出停车方案及整治措施;确定道路照明方式、杆线架设位置;确定交通标志、标线等交通安全设施位置;确定公交站点的位置。

(5) 环境卫生整治

确定生活垃圾收集处理方式;引导分类利用,鼓励农村生活垃圾分类收集、资源利用,实现就地减量;对露天粪坑、杂物乱堆、破败空心房、废弃住宅、闲置宅基地及闲置用地提出整治要求和利用措施;确定秸秆等杂物、农机具堆放区域;提出畜禽养殖的废渣、污水治理方案;提出村内闲散荒废地以及现有坑塘水体的整治利用措施,明确牲口房等农用附属设施用房建设要求。

(6) 厕所整治

按照粪便无害化处理要求提出户厕及公共厕所整治方案和配建标准;确定卫生厕所的类型、建造和卫生管理要求。

(7) 排水、污水处理设施

确定雨污排放和污水治理方式,提出雨水导排系统清理、疏通、完善的措施;提出污水收集和处理设施的整治、建设方案,提出小型分散式污水处理设施的建设位置、规模及建议;确定各类排水管线、沟渠的走向,确定管径、沟渠横断面尺寸等工程建设要求;雨污合流的村庄应确定截流井位置、污水截流管(渠)走向及其尺寸。年均降雨量少于600mm的地区可考虑雨污合流系统。

(8) 电杆线路整治

提出现状电力电信杆线整治方案;提出新增电力电信杆线的走向及线路布设方式。

(9) 村庄公共服务设施完善

合理确定村委会、幼儿园、小学、卫生站、敬老院、文体活动场所和殡葬等设施的类型、位置、规模、布局形式;确定小卖部、集贸市场等公共服务设施的位置、规模。

(10) 村庄节能改造

确定村庄炊事、供暖、照明、生活热水等方面的清洁能源种类;提出可再生能源利用措施；提出房屋节能措施和改造方案；缺水地区村庄应明确节水措施。

2. 村庄风貌整治

（1）村庄风貌整治分析

挖掘传统民居地方特色，提出村庄环境绿化美化措施；确定沟渠水塘、壕沟寨墙、堤坝桥涵、石阶铺地、码头驳岸等的整治方案；确定本地绿化植物种类；划定绿地范围；提出村口、公共活动空间、主要街巷等重要节点的景观整治方案。防止照搬大广场、大草坪等城市建设方式。

（2）历史文化遗产和乡土特色保护

提出村庄历史文化、乡土特色和景观风貌保护方案；确定保护对象，划定保护区；确定村庄非物质文化遗产的保护方案。防止拆旧建新、嫁接杜撰。

3. 村庄整治规划成果

（1）用地布局方面

明确村庄内各类用地规划范围。

（2）安全防灾方面

标明地质灾害隐患区域范围、防护范围、防护要求；河流水体防洪范围；村内避灾疏散道路走向、避灾疏散场地的范围。

（3）给水工程方面

标明给水水源位置、应急备用水源位置、保护范围；给水设施规模、用地范围；给水管线走向、管径、主要控制标高；提供给水工程设施建设工程示意图。

（4）道路整治方面

标明各类道路红线或路面位置、横断面形式、交叉点坐标及标高；路灯及其架设方式；停车场地的位置和范围。

（5）环境卫生方面

标明环卫设施（垃圾收集点、转运场、公共厕所等）、集中畜禽饲养场、沼气池等的位置、规模、用地范围；提供环卫设施建设工程示意图。

（6）排水工程方面

标明污水处理设施规模、用地范围；排水管（渠）走向、尺寸和主要控制标高；截流井位置、标高。标明水面、坑塘及排水沟渠位置、宽度、主要控制标高；提供排水设施建设工程示意图。

（7）电杆线路整治方面

标明电力、电信线路的走向；电力电信设施的用地范围。

（8）公共服务设施方面

标明公共活动场所的范围；公共服务设施的类型、用地范围。

（9）绿化景观方面

标明主要街巷、村口、水体及公共活动空间等重要节点的整治范围；提供重要节点整治示意图、绿化配置示意图、地面铺装方式示意图、水体生态护坡、硬质驳岸等的整治示意图。

（10）文化保护方面

标明重点保护的民房、祠堂、历史建筑物与构筑物、古树名木等的位置和数量；划定保护区的范围；提供保护要求示意图。

（11）主要整治项目分布图

标明整治项目的名称、位置。

（12）村域设施整治方面

标明村域各生产性服务设施、公用工程设施的位置、类型、规模和整治措施。

（三）美丽新农村规划

1.新农村规划建设的主要任务

新农村建设规划是一定时期内村庄经济和社会发展的目标，是村庄各项建设的综合部署，也是建设新农村和管理新农村的依据。它的主要任务就是在充分了解村庄的自然条件、历史演变、现状特点和建设条件的基础上，布置村庄的体系；合理确定乡镇或村庄的性质和规模；确定村庄在规划期内经济和社会发展的目标；统一规划和合理利用村庄土地；综合部署村庄经济、文化、公共事业，以及战备防灾等各项公共设施的建设。

2. 美丽新农村规划建设发展模式

（1）现代农业主导带动型发展模式

在农业资源丰富、基础好的村庄，以工业的理念谋划农村的经济发展，运用高新技术改造传统农业，发展高效农业和设施农业，实现农业可持续发展。

（2）休闲农业主导带动型发展模式

以农业和农村为载体，利用农业生产经营活动、农村自然环境和农村特有的乡土文化吸引游客，通过集观赏、娱乐、体验、知识教育于一体的一种新农村建设模式。这种模式包括通过建立农业生态园、养殖场、采摘园、农产品物流配送中心、学农教育基地、农艺园等方式把乡村的发展与农业的发展融为一体。这种发展模式具有一定的局限性，首先在地理位置上，必须交通便利，距离城市较近，靠近消费市场；其次，要有怡人的自然环境和一定的农业发展基础；最后还要有满足城市游客食、住、行基本要求的基础设施等条件。

（3）畜牧养殖主导带动型发展模式

在畜牧龙头企业的带动下，通过规模化拆建、产业化经营、循环化利用带动农村发展、农民增收的一种新农村建设模式。该模式要求必须具有规模化的畜牧龙头企业、特色的养殖品种和相应的市场需求三个条件。畜牧养殖带动型新农村建设的目的就是通过农民宅基地的空间置换，改造旧村建设新村，在改善居住环境的同时，改善了农村资源特别是土地资源的配置状态，大大拓展农村经济发展的可能性边界。与此同时，还要防止动用耕地，形成失地农民和防止盲目建设。居所要适合中国国情和环境，养殖小区要大力发展循环经济，防止粪便污染，发展规模化、产业化、一体化养殖，规避市场风险。

（4）休闲渔业主导带动型发展模式

通过利用渔村设备、渔村空间、渔业生产的场地、渔法渔具、渔业产品、渔业经营活动、自然生物、渔业自然环境及渔村人文资源，经过规划设计，以发挥渔业于渔村休闲旅游功能，增进国人对渔村与渔业之体验，提升旅游品质，并提高渔民收益，促进渔村发展的一种新农村建设模式。

第二章　城乡空间规划

（5）工业企业主导带动型发展模式

以当地基础条件为出发点，以发展工业企业为契机，通过工业企业的发展壮大带动农村政治、经济、设施、教育、文化、卫生等事业的综合发展的同时，使乡村在土地、劳动力等资源整合的基础上又进一步促进工业企业的发展，使得工业企业与乡村融为一体，形成和谐发展的一种新农村建设模式。农村工业化是壮大农村经济总量的关键，是促进农业产业结构调整、加快农业现代化进程的推进器，也是推进农村城镇化的支撑点。

（6）商贸流通主导带动型发展模式

以发展现代农村商贸流通服务业和市场网络为导向，进而形成以当地农村为中心的市场，以市场促产业、以产业带动乡村、最终形成商贸发达、乡村繁荣的一种新农村建设模式。采用这种模式需要满足以下三个条件：便利的交通；完善的基础设施及配套设施；相关产业发展的支持。

（7）民族特色主导带动型发展模式

主要依托于民族特色农业、民族特色乡村旅游、民族特色工业产业链、民族特色手工工艺等民族特色经济来带动当地新农村发展的一种新农村建设模式。这种模式的开发应遵循可持续发展的原则、保护开发原则和特色原则，目的是达到经济效益、社会效益、生态文化效益的共同发展。其典型运作方式就是民俗文化生态旅游，它是一种特殊的旅游模式，这种模式的特点是在满足旅游者的吃、住、行、游、购、娱的同时，实现生态旅游的目标，即保护旅游区域内的自然资源、环境和民族文化，促进当地的社会、经济、文化的共同发展。

（8）历史资源主导带动型发展模式

在一些拥有特色历史资源的古村落，依托原有的历史遗迹，在充分保护的前提下，整合多种资源，适度发展旅游业，以此带动当地新农村发展的一种新农村建设模式。发展这种模式需要我们处理好保护与开发利用的矛盾，保护的最终目的是更好的开发利用，只有合理利用才能充分展示其固有价值，也只有利用才能使它们与现代生活相结合。适度的旅游可以使历史文化村落获得强大的资金支持，如果控制得当，可以使历史文化村落获得良性循环，比较适合于拥有一定特色历史资源的传统村落的发展。

第三章 城乡给排水设施规划

第一节 城乡给水基础设施规划

一、城乡给水基础设施规划的任务、组成及其布置形式

水是人类赖以生存的三大要素之一，不但人们生活需要水，工业生产等也需要大量的水。因此，城乡给水问题关乎区域的发展，尤其影响工业生产。作为城市及乡村地区的一项重要基础设施，必须把城乡给水问题（尤其是水源问题）作为重要内容，列入国土空间规划体系中。

国民经济发展迅速，人们生活水平迅速提高，生活用水量及工业用水量也随之大大提高。城乡给水基础设施要保证能够持续不断地向城市和乡村地区供应数量充足、质量合格的水，这样才能满足城市及农村地区居民的日常生活、生产、绿化和环境卫生、消防等方面的需要。因此，必须对给水基础设施进行通盘而周密的规划和设计。

（一）城乡给水基础设施规划的任务

城乡给水基础设施规划的基本任务是经济合理、安全可靠地供给城市和乡村地区居民的生活用水、生产用水、市政用水、消防用水，并满足用户对水质、水量和水压的要求。

（二）城乡用水类型

城乡给水基础设施的给水对象主要有城市和乡村的居住区、工业企业、车站码头和大型的公共建筑等。根据给水对象对水质、水量和水压的不同要求，将给水分为4种类型：生活用水、工业企业用水、市政用水、消防用水，下面分别说明。

1. 生活用水

生活用水包括居民区家庭生活用水、机关、学校、部队、酒店、餐厅、浴室及其他公共建筑用水，工业企业职工生活等用水。

生活用水量与气候、生活习惯、建筑卫生设备的完善程度、工种特点、供水压力、水价标准、用水管理等因素有关。

生活用水的水质应为无色、透明、无臭、无味、不含致病菌或病毒和有损健康的物质，并应符合相关标准。

2. 工业企业用水

工业企业用水是指工业企业生产过程中的用水，工业企业用水的水量、水质和水压要求与生产工艺和产品种类有关。如发电厂汽轮机的冷却用水、钢铁生产用水、造纸用水等的用水量都是很大的。工艺的改进可能影响到用水量的变化。食品加工用水应严格符合卫生标准，锅炉用水随着压力增高其水质要求也更高。生产用水的各项指标应根据生产工艺的要求或参照相应工业企业的用水要求进行确定。生产用水量一般会随着工业园区企业数量和规模的扩大而增加，设计时，应结合城市和乡村的近期和远期发展予以考虑。

3. 市政用水

市政用水包括街道洒水、绿化浇水。随着市政建设的不断发展，城市环境保护要求的提高，绿化面积的扩大，市政用水量也将进一步增大。

4. 消防用水

消防用水指发生火灾时的灭火用水。消防用水不是日常所需的消耗，可与城乡给水基础设施合并考虑，对于要求高的工厂、仓库、超高层建筑可设立专用的消防给水系统。消防用水应满足消防用水的水量和水压要求，但对其水质无特殊要求。

除以上所述用水外，给水基础设施自身也存在一定的消耗，如水厂自用水、给水管道渗漏等未预见用水。

(三）城乡给水基础设施的组成及其布置形式

1. 给水基础设施的组成

给水基础设施通常由以下 3 部分组成。

（1）取水工程

取水工程包括水源和取水点、取水构筑物，以及将水提升至水厂的一级水泵站。其主要任务是保证城市和乡村地区取得足够的水量和质量良好的原水。

（2）净水工程

净水工程包括在水厂内的水处理构筑物和设备，以及将净化后的水压送至用户的二级水泵站。其主要任务是对天然水质进行处理，满足国家生活饮用水水质标准或工业生产用水水质标准要求。

（3）输水配水工程

输水配水工程包括将符合要求的水送至用水区并配给用户的输水管、配水管道和管网，以及用以调节水压、水量的储水池、水塔和增压泵站等。其主要任务是将足够量的水输送和分配到各用水点，并保证足够的水压和良好的水质。

2. 给水基础设施的布置形式

城乡规划的发展预期及区域的水源情况、地形、用户要求是影响城乡给水基础设施布置的主要因素。城乡给水基础设施的布置有如下几种基本形式。

（1）统一给水基础设施

将生活用水、生产用水、消防用水均按生活用水水质标准，用统一的给水管网供给用户的给水基础设施称为统一给水基础设施。这种给水基础设施的水源可以是一个，也可能是两个及以上。

统一给水基础设施具有调度管理灵活、动力消耗少、管网压力均匀、给水安全程度高的特点。对于新建的中小城市、工业区、大型厂矿企业，用户较为集中，无须对用水进行长距离输送。各用户对水质、水压要求接近，地形起伏变化较小，建筑物层数相差不大时，宜采用统一给水基础设施。

（2）分质给水基础设施

将水经过不同程度的净化后分别送至所需用户的给水基础设施称为分质给水基础设施。当某些要求低水质的用户用水量占有较大比重时，可根据实际情况进行分质给水。该系统适用于缺乏优良水源的城市和农村地区，同时也适用于对中低水质需求量较大的城市和农村地区。这种系统的优点是节省水处理设施的基建投资，减少净水的运转费用，但输水管道系统多，管理较复杂。

（3）分压给水基础设施

因用户的水压要求不同而采用扬程不同的水泵，分别将不同水压的水引至低压管网和高压管网，然后再供给相应用户的给水基础设施称为分压给水基础设施。该系统可采取并联分压或串联中间加压两种模式。该系统适用于地形高差较大及用户对水压要求相差较大的城市、农村或工业区。其优点是管网压力适宜，动力消耗经济，可减少高压管道的设备，给水安全，也便于分期建设。压力分级不可能太多，否则设备复杂，不仅不能减少基建投资，而且操作管理不便。

（4）分区给水基础设施

采用两个以上给水基础设施给水，各个系统之间既能独立运行，又能保持相互联系的给水基础设施称为分区给水基础设施。为保证给水安全和调度灵活，系统间要保持一定联系。城市用水量很大，城市面积大或延伸很长，或有明显分区的地形及功能分区较为明确的大中型城市有可能采用分区给水基础设施给水。这种系统的优点是既可以节省动力费用和管网投资，又便于分期建设，但管理较为分散。

（5）循环和循序给水基础设施

某些工业企业的生产废水经过适当处理可以循环使用，或用作其他工业生产用水，甚至生活饮用水，则称为循环给水或循序给水基础设施。该系统适用于用水量大的工业企业。

（6）区域给水基础设施

当城市、乡村或工业企业沿河分布较密，间距较大，为避免污染，有必要将取水点设于整个城市、乡村或工业区的上游,统一取水,供沿河各城市、乡村或工业区使用,这种从区域层面所形成的给水基础设施称为区域给水基础设施。该系统适用于多个距离较近的城市或乡村。

3. 城乡给水基础设施布置的一般原则

城乡给水基础设施的确定是城乡给水基础设施规划的主要课题。设计时应遵循国家建设方针,在满足用户对水量、水质和水压要求的前提下,因地制宜地选择经济合理、安全可靠的给水基础设施。

给水基础设施布置的一般原则如下所述。

(1) 保证提供足够的水量是选择水源的前提条件。在保证水量的条件下,优先选择水质较好、距离较近、取水条件较好的水源。

(2) 在有地下水水源时,尽可能用地下水作为生活用水或冷却用水,地面水用于用水量较大的工业用水。大量开采地下水时,应考虑其储量是否能满足需要,工程费用是否合理,以及地下水开采所引起的地层下陷和水质降低等问题。

(3) 地面水水源取水点的确定应考虑以下因素:避免水流冲刷,泥沙淤积;河水暴涨时,水位、水流速度、漂浮物对取水构筑物的影响;取水构筑物和一级泵站的建筑施工条件;结合污水排放的情况,保证取水的卫生条件;取水点尽可能靠近用水区,以便节省基建投资,降低运转费用。

(4) 水厂位置应接近用水区,以便降低输水管道的工作压力,并减少其长度。净水工艺力求简单有效,符合当地实际情况,以便降低投资和生产成本,易于操作管理。

(5) 输水和配水管道的投资占给水基础设施总投资的 50%~80%,因此设计时,在保证给水的条件下,应考虑到用非金属管道,以及低压管道结合加压措施的给水方案、多水源给水方案、远近期相结合的管网建设方案。

(6) 用水量较大的工业企业应采取循环和循序用水,以利于节省水资源,减少污染,减少工程投资和运转费用。

(7) 充分挖掘现有给水基础设施的潜力,改造设备,改进净水工艺,调整管网、加强管理,以便尽可能提高现有给水基础设施的给水能力。

二、城市中水设施规划和节约用水规划

"中水"即"再生水",是指污水经适当处理后,达到一定的水质标准,满足某种使用要求,可以进行使用的水。

(一)城市中水设施规划的意义

中水系统规划是缓解水资源短缺的有效途径。

我国人口基数大,人均水资源少。随着国民经济的快速发展,尤其是西部地区水资源问题更加严峻。城市给水的80%转化为污水,经收集处理后,其中70%的中水可以再次循环使用。这表明通过污水处理使用,可以在现有给水量不变的情况下,使城市的可用水量至少增加50%。世界各国都十分重视中水利用,中水作为一种合法的替代水源,正在得到越来越广泛的利用,并成为城市水资源的重要组成部分。

中水系统规划是实现水资源可持续利用的重要环节。

水是城市发展的基础资源和战略经济资源,随着城镇化进程和经济的发展,以及日趋严重的环境污染,水资源日趋紧张,成为制约城市发展的瓶颈。推进污水深度处理,普及再生水利用是人类与自然协调发展、创造良好水环境、促进循环型城市发展进程的重要举措。

在国际上,对水资源的管理目标已发生重大变化,即从控制水、开发水、利用水转变为以水质再生为核心的"水的循环再用"和"水生态的修复和恢复",从根本上实现水生态的良性循环,保障水资源可持续利用。

中水系统规划的利用能带来可观的效益。

再生水合理利用,不但有很好的经济效益,而且其社会和生态效益也是巨大的。首先,随着城市自来水价格的提高,再生水运行成本的进一步降低,以及回用水量的增大,经济效益越来越突出;其次,再生水合理利用,能维持生态平衡,有效地保护水资源,改变传统的"开采—利用—排放"的开发模式,实现水资源的良性循环,并对城市的水资源紧缺状况起到积极的缓解作用,具有长远的社会效益;最后,再生水合理利用的生态效益体现在不但可以清除废污水对城市环境的不利影响,而且可以进一步净化环境,美

化环境。

(二) 城市中水设施规划的基本要求

城市中水系统介于城市给水基础设施和城市排水设施之间,中水系统所取原水来自城市排水系统,中水处理设施既是污水处理厂,又是给水净化厂。经中水处理设施处理过的污水成为中水系统的给水。所以,进行中水系统规划既要兼顾城市给水基础设施和排水设施的规划要求,又要满足以下几点要求:

①中水系统主要是为了解决用水紧张问题所建立的,所以应根据城市用水量和城市水资源情况进行综合考虑。中水作为城市污水重复利用的主要方式应给予广泛关注,一些缺水地区应在规划时明确建立中水系统的必要性,水量平衡、水源规划、污水处理、管网布置都应在总体规划中有所反映,并作为具体规划设计时的依据。

②总体规划中明确建立中水系统的城市,应在给水排水工程的分区规划和详细规划中,结合城市具体情况,在对一些具体问题进行技术经济分析后予以确定:如所需要回用的污水量、中水系统的类型、中水水源集流的形式、中水处理厂的位置、污水处理厂和中水处理的预留用地及中水系统建设的分期等。

③中水系统管网的布置要求与给水排水管网相似。管网规划设计应与城市排水体制和中水系统相一致。中水系统应保持其系统独立,禁止与自来水系统混接。对已建地区,地下管线繁多,中水管道敷设时应尽量避开管线交叉,而敷设专用管线。回用与用水单位,新建地区中水系统与道路规划、竖向规划和其他管线规划相一致,并保证同步建设。

④中水处理厂应结合用地布局规划合理预留。单幢建筑物的中水处理设施一般布置在地下室,小区域建筑群的中水处理设施布置在区域内部,以靠近中水水源和中水用水地点,缩短集水和供水管线,要求中水处理厂与住宅有一定的间距。严格制订防护措施,以避免臭气、噪声、震动等对周围环境的影响。

⑤中水系统比城市污水处理厂的污水回用处理显得分散,使投资和处理

费用增高,回用面小,难于管理和保证水质。原则上应使中水系统向小区域建筑群中水系统和区域建筑群中水系统方面发展,要求规划时在整个规划范围内统筹考虑,增加回用规模。

(三)城市中水系统分类及处理方法

1. 城市中水系统分类

(1)中水系统按规模分类

①排水设施完善地区的单幢建筑中水系统。该中水系统水源取自本系统内用水和优质排水。该排水经集流处理后供建筑内冲洗便器、清洗车、绿化等。其处理设施根据条件可设于本建筑内部或临近外部。这种中水系统的特点是:规模小,不在建筑外设置中水管道,可进行现场处理,较易实施,但投资和处理费用较高。

②排水设施不完善地区的单幢建筑中水系统。对于城市排水体系不健全的地区,其水处理设施达不到二级处理标准,通过中水系统处理再利用,可以减轻污水对当地河流的污染。该中水系统水源取自该建筑的排水净化池(沉淀池、化粪池、除油池等),该池内的水为生活污水。其处理设施根据条件可设于建筑内或临近外部。这种中水系统的特点同上一个中水系统相同,同时也具有保护环境减少污染的特点。

③小区域建筑群中水系统。该中水系统水源取自小区域内各建筑物所产生的排水。这种中水系统可用于住宅小区、学校及党政机关团体大院。其处理设施置于小区内部。这种中水系统具有管理集中、基建投资和运行费用相对较低、水质稳定的特点。

④区域建筑群中水系统。区域中水系统水源取自城市污水处理厂或工业废水,将这些水运至中水处理站,经进一步深度处理后,供给具有中水系统的单幢建筑物或小区域建筑群。该中水系统要求小区域具有二级污水处理设施。其特点是规模大、费用低、管理方便,但须单独设置中水管道系统。

(2)按用途分类

①饮用水中水系统。将中水处理到"饮用水的水质标准"而直接回用到日常生活中,即实现水资源直接循环利用。这种中水系统适用于水资源极度

缺乏的地区，但投资高，工艺复杂，不能广泛运用。

②城市"杂用水"中水系统。"杂用水"又称非饮用水。水质未达到生活饮用水卫生标准，不能饮用，也不适宜与人体直接接触。按用途分有冲洗用水、浇洒用水、浇灌用水和特种用水（如空调用水、水景用水）。

将中水处理到"城市杂用水水质标准"，主要用于不与人体直接接触的用水，如便器冲洗，地面、汽车清洗，绿化浇洒，消防，工业普通用水等。这种中水系统是最常见的，也是现在运用最广泛的。

③景观环境水中水系统。将中水处理到"城市景观环境用水的水质标准"，将处理过的水用于城市景观喷泉、河流、溪水等。这种中水系统适用于因缺水而导致河流溪水干涸的城市。这种系统要求污水处理站和中水站建在河流上游，对污水处理站和中水站的安全要求较高。

④"农业"用水中水系统。这里的"农业"指的是"农、林、牧、副、渔"，将中水处理达到"'农业'用水的水质标准"。这种中水系统适用于"农业"灌溉（农田、牧场、森林等）、园林绿化（公园、校园、高速公路绿化带、高尔夫球场、公墓、绿化带和住宅区等）、改善水系环境（湖泊、池塘、沼泽地，增大河水流量和鱼类养殖等）。

⑤工业用水中水系统。工业上可以利用中水回用技术将达到外排标准的工业污水进行再处理，一般加上混床等设备使其达到软化水水平，达到工业用水水质标准，就可以进行工业循环再利用，以达到节约成本，保护环境的目的。

2. 城市中水系统的处理方法

回用水的处理技术按其机理可分为生物化学法、物理化学法和物化生化组合法等。通常，回用技术须多种污水处理技术合理组合，即各种水处理方法结合，深度处理污水，这是因为单一的某种水处理方法一般很难达到回用水水质的要求。

（1）生物化学法

生物化学法（简称"生化法"）利用自然界存在的各种细菌微生物，将废水中有机物分解转化成无害物质，使废水得以净化。

处理流程：原水→格栅→调节池→接触氧化池→沉淀地→过滤→消毒→出水。

生物化学法可以分活性污泥法、生物膜法、生物氧化塔、土地处理系统、厌氧生物处理法等方法。

①活性污泥法

A. 鼓风曝气，即排流式曝气，将压缩空气不断地鼓入废水中，保证水中有一定的溶解氧，以维持微生物的生命活动，分解水中有机物，以达到净化污水的效果。

B. 机械曝气，即表面曝气，利用装在曝气池内的机械叶轮转动，剧烈搅动水面，使空气中的氧溶于水中，供微生物生命活动，进行生化作用，以达到净化污水效果。

C. 纯氧曝气，按鼓风曝气方法向水中吹入纯氧，以提高充氧效率，加快污水净化速度。

D. 深井曝气，一般用直径为 0.5～6.0m 和深度 50～60m 的曝气装置，利用水压来提高水中氧的转移速率，以提高其净化效率。

②生物膜法

A. 生物滤池：使废水流过生长在滤料表面的生物膜，通过两面之间的物质交换及生化作用，使废水中有机物降解，达到净化目的。

B. 生物转盘：由固定在一横轴上的若干间距很近的圆盘组成，不断旋转的圆盘面上生长一层生物膜，以净化废水。

C. 生物接触氧化：供微生物栖附的填料全部浸于废水中，并采用机械设备向废水中充入空气，使废水中有机物降解，以净化废水。

③生物氧化塔

利用水中微生物的藻类、水生植物等对废水进行好氧或厌氧生物处理的天然或人工塘。

④土地处理系统

A. 土地渗滤：利用土壤膜中的微生物和植物根系对污染物的净化能力（过滤、吸附、微生物分解等）来处理生活污水，同时利用污水中的水、肥来促进农作物、牧草、树木生长。

B. 污水灌溉：主要目的为灌溉，以充分利用净化后的污水。

⑤厌氧生物处理法

利用厌氧微生物（如甲烷微生物等）分解污水中有机物，达到净化水目的，同时产生甲烷、CO_2 等。厌氧生化处理主要用于处理高浓度有机废水及污泥硝化。

（2）物理化学法

物理化学法是利用物理和化学的综合作用使废水净化的方法，通常是指由物理方法和化学方法组成的废水处理系统，或指包括物理过程和化学过程的单项处理方法，如浮选、吹脱、结晶、吸附、萃取、电解、电渗析、离子交换、反渗透等。

处理流程：原水→格栅→调节池→絮凝沉淀池→超滤膜→消毒→出水。

物理化学处理既可以是独立的处理系统，也可以是生物处理的后续处理措施。其工艺的选择取决于废水水质、排放或回收利用的水质要求、处理费用等。

为除去悬浮的和溶解的污染物而采用的化学混凝—沉淀和活性炭吸附的两级处理是比较典型的一种物理化学处理系统。过程为：在废水中投加石灰，快速混合后，进行絮凝沉淀，除去大部分悬浮的和胶体的物质，同时除去一部分磷酸盐。沉淀后的出水流过活性炭接触床，由于活性炭的吸附作用，除去溶解的污染物，如溶解的有机物等。活性炭进行反冲洗和再生。沉淀池的沉渣经脱水、煅烧后，其中的石灰可回收利用；煅烧产生的二氧化碳气体可用作调整沉淀出水的 pH 值。通过这个系统处理后，出水水质的数据是：BOD（生化需氧量）5mg/L、COD（化学需氧量）15mg/L、悬浮物 5mg/L、磷 0.15mg/L、氮 2.6mg/L。假若对水质有其他要求，还可增加相应的处理过程，如为了进一步脱氮，可以增加氨解析、离子交换或折点氯化。

物理化学处理法的优点是：占地面积可减少 1/4～1/2；出水水质好，而且效果比较稳定；对废水水量、水温和浓度变化的适应能力较强；可以除去有害的重金属离子；除磷、脱氮和脱色的效果好；可根据不同要求，选择处理方案；处理系统的操作管理易于实现自动检测和自动控制。

物理化学处理法的缺点是：这种处理系统的设备费和日常运转费较高，相比生物处理法消耗较多的能源和物料。因此，决定处理工艺方案时应根据对出水水质的要求，进行技术、经济比较和对环境影响的全面分析。

(3) 物化生化组合法

传统的生物化学法运转时必须考虑反应速率和污泥的沉降性能。反应速率主要取决于活性污泥的浓度，污泥浓度高，则反应速度快。但考虑到二次沉池不能过大，所以活性污泥的浓度不能太大，否则影响反应速率。污泥的沉降性能取决于曝气池的运行条件。严格控制曝气池的操作条件是首要条件，因此也缩小了生物化学法的应用范围。为了克服这些困难，可以运用物化生化组合法。

物化生化组合法运用到实际中就是膜生物反应器技术。

膜生物反应器（Membrane Bioreactor，MBR）是将生物降解作用与膜的高效分离技术结合而成的一种新型高效的污水处理与回用工艺。

其处理流程：原水→格栅→调节池→活性污泥池→超滤膜→消毒→出水。

其原理是在一定压力下，采用具有一定孔径的分离膜，将溶液中的大分子物质、胶体、细菌和微生物截留下来，从而达到浓缩与分离的目的，处理精度可达 $0.1\mu m$，不会产生生化法那样的气味，污泥量少，无须进行污泥处理。

对中水处理流程选择的一般原则是，当以洗漱、沐浴或地面冲洗等优质杂排水为中水水源时，一般采用以物理化学法为主的处理工艺流程即可满足回用要求。当主要以厨房、厕所冲洗水等生活污水为中水水源时，一般采用以生化法为主或生化物化结合的处理工艺。物化法一般流程为混凝、沉淀和过滤。

（四）城市中水设施规划

1. 节约用水规划的意义

"节水"是指采取现实可行的综合措施，减少水的损失和浪费，提高用水效率，合理高效利用水资源。

我国国情决定"节水"是我国的一项重大国策。

（1）水资源不足是我国的基本国情，"节水"是缓解当前城市缺水矛盾的长期硬性措施。

（2）"节水"是为保障我国经济社会可持续发展必须坚持的一项重大国策。

（3）治理、改善和保护我国水环境，迫切要求加强节水工作。

（4）促进社会稳定，要求加强节水工作。

2. 节约用水规划的基本要求

（1）制定节水规划，应密切结合我国经济社会发展的需要，坚持开发与节约并重、节约优先、治污为本、科学开发、综合利用，以水资源的可持续利用来保障经济社会的可持续发展。

（2）节水规划要求具有全局性、阶段性、科学性、可行性与指导性，因地制宜，分清阶段，明确目标，统一协调。

（3）节水规划必须以水资源优化配置和高效利用为核心，协调开发与节约，农业与工业、城镇生活、生态用水，水与经济、社会、环境的关系，实现需水与供水节水，农业节水与工业、城镇生活节水，节水发展与经济社会发展，节水与生态环境的总体平衡。

（4）节水规划提出的措施应是综合配套的。

3. 节约用水规划的编制要求

（1）规划以国民经济和社会发展计划、国土整治规划为依据，按照水资源可持续利用和人口、资源、经济、环境协调发展的要求，与水资源开发利用规划相配合，提出不同水平年水资源供需基本平衡的节水实施方案，为经济社会发展提供支持保障。

（2）规划以流域（及区域）水资源评价和水资源供求计划为基础，按省

（自治区、直辖市）行政单元分析研究水资源合理配置和节水发展模式，其中县（区）级节水规划是基础。

（3）规划分区、分行业、分类型进行，提出总量控制目标和定额管理方法，统一分析考虑地表水、地下水和其他可利用或可替代水源的配置和节约。缺水地区限制新建高耗水的工业项目，禁止引进高耗水、高污染工业项目，限制农业粗放型用水。并要求全面规划与重点区域、重点项目规划相结合。

（4）规划坚持政府行为与市场行为相结合，工程措施和非工程措施并重。新上的用水项目应规划采用节水的先进用水技术和设施，已有的用水项目应规划进行节水技术和设施更新改造，逐步提高用水水平。非工程措施是规划的重要组成，研究提出有利于促进节水事业和节水产业发展的管理体制和机制，使节水投资渠道多层次、多元化。重视管理措施，以水权理论为指导，以取水许可制度为载体，建立用水总量与定额管理相结合的节水管理体系。

（5）重视采用新技术、新方法，提高成果的科技含量，保证规划先进与科学。采用新的基础资料，分析和充分利用原有规划、研究成果，根据近几年水资源利用的新情况、新问题和新思路，经过科学论证、经济分析和环境评价，形成新的规划成果。

4. 节约用水的基本对策

（1）农业用水

农业节水发展应与农业产业结构调整、农村地区小城镇建设及生态建设相协调，根据水资源条件，按不同水平年分地区实行用水的总量控制。节水重点是灌区的节水改造，按节水目标规划发展。同时，加强节水目标规划的管理和协调，使水土条件较好的局部地区农业用水有增加，但全国总用水应争取基本不增长。为此，必须采取以下基本对策。

①以节水增产为目标对灌区进行技术改造。我国不少大中型灌区都是20世纪五六十年代修建的，由于工程老化失修或已到报废年限，灌溉效益衰减，灌溉用水浪费严重。因此，要根据当地自然、水资源、农业生产和社

会经济特点，以节水、高效为目标，对灌区实施"两改一提高"工程，即改革灌区管理体制，改造灌溉设施和技术，提高灌溉水的有效利用率。重点放在现有大型灌区渠道防渗、建筑物维修更新和田间工程配套等节水技术改造上。

②因地制宜加快发展节水灌溉工程。在节水增效示范项目和节水增产重点县的建设中，因地制宜地推广发展管道输水、渠道防渗、喷灌、微灌、水稻浅湿灌、改进沟畦灌、膜上灌等工程节水措施；在山丘区，因地制宜建设集雨水窖、水池、水柜、水塘等小微型雨水蓄水工程，努力缓解水资源供需矛盾。

③加强用水定额管理，推广节水灌溉制度。在加强工程管理的同时，制订各主要农作物的用水定额，根据定额确定灌溉水量实行控制。积极研究和推广节水灌溉制度，把有限的水量集中用于农作物用水的关键期，以扩大灌溉面积，使灌溉总体效益最大。当前重点推广用水计量设备，实施斗渠计量控制。

④平田整地，开展田间工程改造。地面灌溉是我国目前采用最多的一种灌水方式，预计今后相当长的一段时间内仍将占主导地位。据分析，地面灌溉用水损失中田间部分损失占到35％左右，说明田间节水潜力很大。造成田间用水损失的原因是畦块过大，地块大平小不平，致使灌水不均匀，深层渗漏严重。实施田间工程改造投资效益大，节水增产效果良好。

⑤大力推广节水农业技术。各种节水工程技术只有与相应的节水农业技术相结合，才能发挥综合优势，达到节水、高产、优质、高效的最终目标。节水农业技术措施包括抗旱节水品种、地膜覆盖、秸秆覆盖、少耕免耕、节水增产栽培、农业结构调整等，都具有投资省，节水、增产效果显著，技术成熟等特点，推广前景广阔。

⑥积极发展节水综合技术。目前，我国节水灌溉技术的推广应用仍以常规单项技术为主，虽然已开始重视研究节水综合技术，向精准化节水方向发展，但应用尚不普遍。节水灌溉综合技术的目标不但要提高灌溉水的利用率，而且也要使灌溉水的生产效率得以提高，真正发挥节水增产的作用。因

此，节水灌溉技术今后发展的主要方向是将现代工程技术、农业技术和节水管理信息技术因地制宜地进行有机结合、集成，形成节水高效的节水灌溉综合技术体系，并大面积推广应用。

⑦在人畜用水困难地区尤其应因地制宜地发展推广综合节水技术。

（2）工业用水

工业节水在地区上不仅应考虑与农业节水及城市化发展相协调，按水资源供需平衡的原则实行用水总量控制，而且应与水环境的治理、改善和保护的要求相配合，同时考虑工业自身的产业结构调整、技术水平升级及产品更新换代。节水重点是那些用水大户、污染大户。应按节水标准规划发展，并由点到面，逐步推进。加强节水目标规划管理和协调，水源较好的局部地区用水可较大增长，但总用水增长率应逐步降低，缺水地区争取零增长。为此，应采取以下基本对策：

①控制生产力布局，促进产业结构调整。加强建设项目水资源论证和取水管理：限制缺水地区高耗水项目投产，禁止引进高耗水、高污染工业项目；以水定产，以水定发展。积极发展节水型的产业和企业，通过技术改造等手段，加大企业节水工作力度，促进各类企业向节水型方向转变；新建的企业必须采用节水技术。逐步建立行业万元国内生产总值用水量的参照体系，促进产业结构调整和节水技术推广应用。

②拟订行业用水定额和节水标准，对企业的用水进行目标管理和考核，促进企业技术升级、工艺改革，设备更新，逐步淘汰耗水大、技术落后的工艺设备。

③推进清洁生产战略，加快污水资源化步伐，促进污水、废水处理回用。采用新型设备和新型材料，提高循环用水浓缩指标，减少取水量。

④强化企业内部用水管理，建立完善三级计量体系，加强用水定额管理，改进不合理用水因素。

⑤沿海地区工业发展海水利用。

（3）城镇生活用水

城镇生活节水与城市化发展和人民生活水平相适应，同时考虑我国人口和资源条件，对水资源的需求和供给加以适当限制。节水重点在城市，应按城市生活节水标准规划发展，并由城市向市镇推进。通过强化管理，建设和推广节水设施，逐步使用水定额得以控制，并使总用水增长率逐步降低。为此，须采取以下基本对策：

①实行计划用水和定额管理。通过水平衡测试，分类分地区制订科学合理的用水定额，逐步扩大计划用水和定额管理制度的实施范围，适时对城市居民用水推行计划用水和定额管理制度。针对不同类型的用水，实行不同的水价，以价格杠杆促进节约用水和水资源优化配置，强化计划用水和定额管理力度。鼓励用水单位采取节水措施，并对超计划用水的单位给予一定的经济处罚。居民住宅用水彻底取消"包费制"，全面实现分户装表，计量收费，逐步采用阶梯式水价或两部制水价方式，提倡合理用水，杜绝跑、冒、滴、漏等浪费现象。

②全面推行节水型用水器具，提高生活用水节水效率。强化国家有关节水政策和技术标准的贯彻执行力度，制订推行节水型用水器具的强制标准。

③加快城市供水管网技术改造，降低输配水管网漏失率。研究确定城镇自来水管网漏失率的控制标准和检测手段，并明确限定达标期限。

④加大城镇生活污水处理和回用力度，在缺水地区积极推广"中水道"技术。在城市改建和扩建过程中，积极改造城镇排水网，设市城市建设生活污水集中排放和处理设施。城市大型公共建筑和供水管网覆盖范围外的自备水源单位都应建设中水系统，并在试点基础上逐步扩展居住小区中水系统建设的推行实施范围。

⑤在城市工业产业布局逐步合理、产业结构逐步优化的前提下，应实现城市及郊区水务统一管理，资源统一规划、综合利用，上中下水设施统一建设、小区集中处理、大区之间连通协调、市区郊区合理串供，努力建成蓄水、集水、节水、减排、清污、回用的城市节水清洁型供用水体系。逐步改变过去一个水系、一个水库、一条河道的单一水源向城市供水的方式，采取"多库串联、水系联网，地表水与地下水联调，优化配置水资源"的方式。

三、乡村区域给水基础设施规划

(一) 乡村区域给水基础设施总体规划

乡村区域给水基础设施总体规划应根据区域内各村庄的社会经济状况、总体规划、给水现状、用水需求、自然地理条件、区域水资源条件及其管理要求、村镇分布及居住状况进行。应根据水源的水量和水质、给水的水量和水质、给水可靠性、用水方便程度，对给水区域内给水现状进行分析和评价。

乡村给水区域规划范围宜以市（县）为单元进行统筹规划，并可根据实际情况突出重点、分步实施，水源和给水范围可跨行政区域进行规划。当给水水源地在规划区域以外时，水源地和输水管线应纳入给水基础设施规划范围。当输水管线途经的区域需由同一水源给水时，应进行系统规划。区域给水规划应以城乡一体化为目标，根据当地的自然条件、经济状况，确定工程形式，并应符合下列要求：

①优先考虑管网延伸给水，在城镇给水服务半径内的镇（乡）村应优先采用管网延伸给水，优先依托自来水厂的扩建、改建、辐射扩网、延伸配水管线，给水到户。

②当不能采用城镇延伸给水且具备水源条件时，应优先建设适度规模的集中式给水，可跨区域取水、连片给水。

③当受水源、地形、居住、经济等条件限制，不宜建造集中式给水工程时，可根据实际情况规划建造分散式给水基础设施。

④当居住相对集中、水源水质需特殊处理、制水成本较高时，可采用分质给水。

⑤居住分散的山丘区，有山泉水与裂隙水时，可建井、池、窖等，单户或联户给水无适宜水源时，可建塘坝、水池、水窖等，收集降雨径流水或屋顶集水。

(二) 乡村区域用水量

1. 乡村用水量组成

乡村用水量应由下列两部分组成。

(1) 第一部分应为规划期内由给水基础设施统一供给的生活用水、企业用水、公共设施用水及其他用水水量的总和。

(2) 第二部分应为给水基础设施统一供给以外的所有用水水量的总和。其中应包括企业和公共设施自备水源供给的用水、河湖环境用水和航道用水和农业灌溉等。

给水基础设施统一供给的用水量应根据所在区域的地理位置、水资源状况、现状用水量、用水条件及其设计年限内的发展变化、国民经济发展和居民生活水平、当地用水定额标准和类似工程的给水情况等因素确定。

给水工程规模应包括居民生活用水量、公共建筑用水量、饲养畜禽用水量、企业用水量、工业用水量、消防用水量、浇洒道路和绿地用水量、管网漏失水量和未预见用水量等，按最高日用水量进行计算。应根据当地实际水需求列项，分别计算给水范围内各村、连片集中给水基础设施的给水规模。

2. 乡村用水量时变化系数

乡村用水量时变化系数，应根据乡村的给水规模、给水方式，生活用水和企业用水的条件、方式和比例，结合当地相似给水工程的最高日给水情况综合分析确定：

(1) 全日给水基础设施的时变化系数可在1.6～3.0范围内取值，用水人口多、用水条件好或用水定额高的取较低值。

(2) 定时给水基础设施的时变化系数，可在3.0～4.0范围内取值，日给水时间长、用人口多的取较低值。

进行水资源供需平衡分析时，区域给水基础设施统一给水部分所要求的水资源给水量应为最高日用水量除以日变化系数再乘上给水天数。日变化系数应根据给水规模、用水量组成、生活水平、气候条件，结合当地相似给水基础设施的年内给水变化情况综合分析确定，可在1.3～1.6范围内取值。河湖环境用水和航道用水及农业灌溉用水等的水量，应根据有关部门的相应规划纳入用水量中。

3. 乡村区域给水水质和水压

乡村区域的给水水质水压应符合以下标准：

(1) 统一供给的或自备水源供给的生活饮用水水质应符合国家标准的有关规定。

(2) 乡村集中式给水基础设施的给水水压，应满足配水管网中用户接管点最小服务水头的要求。单层建筑可按5～10m计算，二层10～12m，建筑每增加一层，水头应增加3.5～4m。对地形很高或很远的个别用户水压不宜作为控制条件，可采用局部加压的方法满足其用水需求。

(3) 配水管网中，消防栓设置处的最小服务水头不应低于10m。

（三）乡村区域水源选择原则

1. 乡村区域水源选择要求

乡村区域水源选择应符合下列要求：

(1) 以水资源勘察或分析研究报告为依据。

(2) 应充分利用现有的水利工程。

(3) 当有多水源可供选择时，应当对水质、水量、工程投资、运行成本、施工和管理条件、卫生防护条件进行综合比较后确定。当水源水量不足时，可同时选取地表水和地下水互为补充。

(4) 水源地应设在水量、水质有保证和易于实施水源环境保护的地段。

(5) 应符合当地水资源统一规划管理的要求，按优质水源保证生活用水的原则，合理安排与其他用水的关系。

乡村区域水源若用地下水作为水源时，其取水量应小于允许开采量；用地表水作为水源时，其设计枯水流量的年保证率，严重缺水地区不宜低于90%，其他地区不宜低于95%；当水源的枯水期流量不能满足要求时，应采取多水源调节或调蓄等措施。

2. 乡村区域地表水水源选择要求

地表水水源选择应符合下列要求：

(1) 选用地表水为水源时，水源地应位于水体功能区划规定的取水段或水质符合相应标准的河段。

（2）饮用水水源地应位于城镇、工业区或村镇上游。

（四）乡村区域给水系统分类

1. 集中式给水基础设施

（1）给水系统

乡村区域集中式给水系统应符合以下要求：

①给水系统应满足水量、水质、水压及消防、安全给水的要求，并应根据当地的规划布局、地形、地质、城乡统筹、用水要求、经济条件、技术水平、能源条件、给水管网延伸的可能性、水源等因素进行方案综合比较后确定。

②规划给水系统时，应充分考虑利用已建给水工程设施，并进行统一规划。

③不适合建设集中式给水系统的居住点，可采用分散式给水系统。

④地形起伏大或规划给水服务范围广时，可采用分区或分压给水系统。地形可供利用时，宜采用重力输配水系统。

⑤根据水源状况、总体规划布局和用户的水质要求，可采用分质给水系统。

⑥有多个水源可供利用时，宜采用多水源给水系统。

（2）水厂

水厂厂址的选择，应符合乡村规划和相关专项规划，并根据下列要求通过技术经济比较综合确定：

①应充分利用地形高程。

②满足水厂近、远期布置需要。

③不受洪水与内涝威胁；有良好的工程地质条件。

④有较好的废水排除条件。

⑤有良好的卫生环境，并便于设立防护地带。

⑥少拆迁，少占农田，不占良田，利用荒地废弃地。

⑦施工、运行和维护方便。

⑧供电安全可靠。

⑨地表水水厂的位置宜靠近主要用水区，有沉沙等特殊处理要求时宜在水源附近。

⑩地下水水厂的位置还应考虑水源地的地点和不同的取水方式，宜选择在取水构筑物附近。

水厂的设计规模，应考虑水厂工作时间，按最高日给水量加水厂自用水量确定。水厂自用水率应根据原水水质、所采用的处理工艺和构筑物类型等因素通过计算确定，一般可采用设计水量的5%～10%。当滤池反冲洗水采取回用时，自用水率可适当减小。

水厂应根据水源水质、设计规模和用户的水质要求，参照相似条件下已有水厂的运行经验或试验，结合当地条件，通过技术经济比较，综合研究确定净水处理工艺，同时应对生产废水和污泥进行妥善处理和处置，并应符合当地的环境保护和卫生防护要求。

当原水的含藻量、含沙量或色度、有机物、致突变前体物等含量较高、臭味明显或为改善凝聚效果时，可在常规处理前设预处理设施；当微污染原水经混凝、沉淀、过滤处理后，水中的有机物、有毒物质含量或色、臭、味等仍不能满足用户要求时，可采用颗粒活性炭吸附工艺或臭氧—生物活性炭吸附工艺进行深度处理。膜分离工艺应根据原水水质、出水水质要求、处理水量、当地条件等因素，通过技术经济比较确定。

用于生活饮用的地下水中铁、锰、氟、砷以及溶解性总固体含量等无机盐类超过国家标准的水质指标限值时，应设置处理设施。工艺流程应根据原水水质、净化后水质要求、设计规模、试验或参照水质相似水厂的运行经验，通过技术经济比较后确定。

用于生活饮用水处理的药剂，应符合国家标准的有关规定，生活饮用水必须消毒。消毒剂和消毒方法的选择应依据原水水质、出水水质要求、消毒剂来源、消毒副产物形成的可能、净水处理工艺等，通过技术经济比较确定。消毒剂和方法可采用液氯、次氯酸钠、二氧化氯、臭氧、紫外线、漂白粉或漂白精等。寒冷地区、飘尘或亲水昆虫严重地区的净水构筑物宜建在室内或采取加盖措施，以保证净水工艺正常运行或处理后水质。

水厂排水宜采用重力流排放，必要时可设排水泵站。厂区雨水管道设计的降雨重现期宜选用1~3年。生活污水管道应另成系统，污水应经无害化处理，其排放不得污染水源。水厂的供电可采用二级负荷，当不能满足时，不得间断给水的水厂应设置备用动力设施。水厂用地应按规划期给水规模和工艺流程确定，厂区周围应设置宽度不小于10m的绿化地带。

(3) 输配水

输配水管网应符合总体规划，并进行优化设计，在保证设计水量、水压、水质和安全给水的条件下，进行不同方案的技术经济比较。

输配水管道系统运行中，应保证在各种设计工况下，管道不出现负压。原水输送应采用管道或暗渠（隧洞）。当采用明渠时，应有可靠地防止水质污染和水量流失的措施。清水输送应采用管道。

从水源至水厂的原水输水管（渠）的设计流量，应考虑水厂工作时间，按最高日平均时给水量确定，并计入输水管（渠）的漏损水量和水厂自用水量。从水厂至配水管网的清水输送管道的设计流量，应考虑水厂工作时间，按最高日最高时用水条件下，由水厂承担的给水量计算确定。

输配水管（渠）应根据设计流量和经济流速确定管径，输水管道的设计流速不宜小于0.6m/s。负有消防给水任务的管道最小直径不应小于100mm，室外消火栓的间距不应超过120m，应设在醒目处，并应符合国家标准的有关规定。

输配水管（渠）系统的输水方式可采用重力式、加压式或两种方式并用，应通过技术经济比较后选定。输水管（渠）的根数、管径（尺寸）设置应满足规划布局、规划期给水规模并结合近期建设的要求，按不同工况进行技术经济分析论证，选择安全可靠的运行系统。

2. 分散式给水基础设施

无条件建造集中式给水系统的地区，可采取分散式给水系统。分散式给水系统形式的选择应根据当地的水源、用水要求、地形地质、经济条件等因素，通过技术经济比较确定。在缺水地区，可采用雨水收集给水系统，有良好水质的地下水源地区，可采用手动泵给水系统等。

也可视情况，采取山泉水、截潜水、集蓄水池给水系统。

同时，可根据建设条件和用户需要，采取联户给水或按户给水，生活饮用水必须消毒。

第二节 城乡排水基础设施规划

一、城市排水基础设施的任务、组成与排水体制

（一）城市排水基础设施的任务

随着我国城市的发展和对污水排放要求的提高，控制水污染，保护江河、湖泊、运河、渠道、水库和海洋等地面水，以及地下水水质的良好状态，保障人体健康，维护生态平衡，促进国民经济和城市建设的发展，现在我国凡是有污水的地方一般都设置污水处理厂，处理后再排放。这对改善一个城市的生态环境和投资环境具有重大意义。

城市的生产和生活活动产生大量的污水与废水，同时大气降水（雨、雪）也形成达到一定污染程度的地面排水，导致城市污水和废水量越来越大，排水的水质也越来越复杂。污水中含有大量致病细菌、有机物质及有毒物质，从而污染城市环境和水体；降水排水还给城市建筑、工厂、仓库、道路、桥梁带来了淹没的危险。城市排水基础设施规划的任务是使整个城市的污水和雨水通畅地排泄，处理好污水，达到环境保护的要求，以减少其对环境的污染，保护水资源，避免雨水给城市生产、生活造成不便和危险。

总之，城市排水基础设施的目的在于将排水对人类生活环境带来的危害降低到最小，保护环境免受污染，促进工农业生产效率和保障人民的健康和正常生活，具有保护环境和城市减灾双重功能。因此，需建设完善的城市排水基础设施并进行科学的管理。

城市排水基础设施规划的主要内容包括估算城市排水量、选择排水制度、设计排水管道、确定污水处理方法和城市污水处理厂的位置等。

（二）城市排水基础设施的组成

城市排水基础设施通常由排水管道（管网）、污水处理设施（污水处理厂）和出水口组成。城市排水主要包括生活污水、工业废水和降雨径流，因此城市排水基础设施可依据排除对象不同分为城市污水排除设施、工业废水排除设施和雨水排除设施。以下分别对这 3 类排水基础设施的组成，以及排水管道附属构筑物进行介绍。

1. 城市污水排除设施的组成

城市污水排除设施通常是指收集和排除城市生活污水和部分工业生产污水的排水基础设施，其主要组成部分包括以下几个部分。

（1）室内（车间内）污水管道设施及设备

室内（车间内）污水管道设施及设备主要作用是收集生活污水并将其排出至室外庭院、街坊或小区的污水管道中。室内各种卫生设备是生活污水排除设施的起端设备。

（2）室外污水管道设施

室外污水管道设施包括街坊或庭院管道设施和街道污水管道设施，后者分支管、干管、主干管及管道设施上附属构筑物。污水由房屋流出管道通过各级管道汇集输向污水处理厂。

（3）污水泵站及压力管道

污水一般以重力流排除，但在转输过程中，由于地形等条件限制，需将低处的污水向高处提升，则须设置泵站。泵站分为中途泵站、终点泵站和局部泵站。其中，设在管渠设施中途的泵站称为中途泵站，设在设施终点的泵站称终点泵站。污水需压力输送时，应设置压力管道。

（4）污水处理厂

处理和利用污水和污泥的一系列构筑物及其附属构筑物的综合体称为污水处理厂，通常设置在河流的下游地段，并与居民点或公共建筑保持一定的卫生防护距离。

（5）污水出口设施

污水出口设施包括出水口、事故出水口及灌溉渠等。出水口或灌溉渠设在污水厂之后,以排放处理后的污水。事故出水口设在设施中容易发生故障的部位,如设在污水泵站之前,泵站检修时污水可从事故出水口排出。

2. 工业废水排除设施的组成

工业废水排除设施是将车间及其他排水对象所排出不同性质的废水收集起来,送至回收利用和处理构筑物或排水基础设施。有些工厂可单独形成工业废水排除设施,其组成为:

(1) 车间内部管道设施。

(2) 厂区管道设施及设备。

(3) 污水泵站和压力管道。

(4) 污水处理站。

(5) 出水口(渠)。

3. 城市雨水排除设施的组成

雨水一般就近排入水体,无须处理。地势平坦、区域较大的城市或河流洪水水位高,在雨水自流排放有困难的情况下应考虑设置雨水泵站。

此外,对于合流制排水基础设施,只有一种管渠设施,除具有雨水口外,其主要组成部分和污水排除设施相同。

上述各排水基础设施的组成部分,对每一具体的排水基础设施来说,并不一定都完全具备,必须结合当地具体条件来确定排水基础设施内所需要的组成部分。

(三) 排水体制及其选择

城市排水体制也称为城市排水制度,是指在城市区域内对生活污水、工业废水和降雨径流所采取的排除方式。

1. 体制

为了收集、输送城市生活、工业企业生产及自然降水形成的各类排水,必须设置管渠设施,予以排除。对于不同的城市排水体制,排水基础设施的设计、施工、运行、维护和管理迥然不同,排水体制的选择是城市排水基础设施规划所需解决的首要问题。常规排水体制有分流制和合流制两种基本类型。

(1) 分流制排水基础设施

分流制排水基础设施是将生活污水、工业废水和雨水分别在两个或两个以上各自独立的管渠内排除的设施。其中，排除生活污水和工业废水设施称为污水排除设施；排除降雨径流的设施称为雨水排除设施。通常，在分流制排水基础设施中，由于天然降水的排除方式不同，又分为以下两种。

①完全分流制排水基础设施：是指在某一排水区域内，分别设置污水和雨水两个各自独立的排水管网设施，前者用于汇集生活污水和部分工业生产污水，并输送到污水处理厂，经处理后再排放；后者汇集雨水和部分工业生产废水就近直接排入水体。

②不完全分流制排水基础设施：城市中只有污水管道设施而没有雨水设施，雨水沿着地面、道路边和明渠泄入天然水体。这种体制只有在地形条件有利时采用。对于新建城市或区域，有时为了急于解决污水出路问题，初期采用不完全分流制排水基础设施，先只埋设污水管道，以少量经费解决近期迫切的污水出路问题，待将来配合道路设施的不断完善，增设雨水管渠设施，将不完全分流制改为完全分流制排水基础设施。对于地势平坦、多雨易造成积水的地区，不宜采用不完全分流制排水基础设施。

(2) 合流制排水基础设施

将生活污水、工业废水和降水用一个管渠设施汇集输送的排水方式称为合流制排水基础设施。根据污水、废水、雨水混合汇集后的处置方式不同。

①直泄式合流制，城市污水与降水径流经管道收集后，不经过处理直接排入附近水体的合流制设施称为直泄式合流制，又称为直排式合流制。这种排水体制起源于19世纪的欧洲，其主要功能是改善城市的公共卫生条件。管渠设施布置就近排入水体，分若干排出口，混合的污水不经处理直接泄入水体。我国许多城市旧城区的排水方式大都是这种设施，这是因为在以往工业尚不发达、城市人口不多、生活污水和工业废水量不大，直接泄入水体对环境卫生及造成的水体污染问题还不是很严重。但是，随着现代化工业与城市的发展，污水量不断增加，水质日趋复杂，所造成的污染越来越严重。因此，这种直泄式合流制排水基础设施目前不宜采用。

②截流式合流制,随着城市污水对周边水环境的污染日趋严重,对城市污水进行适当处理势在必行,由此产生截流式合流制。这种体制在直泄式合流制的基础上,沿河修建截流干管,在合流干管和截流干管相交前或相交处设置溢流井,并在截流干管的末端修建污水处理厂。在街道管渠中合流的生活污水、工业废水和雨水同时排向沿河的截流干管,晴天时全部输送到污水处理厂;雨天时,雨量增大,雨水和生活污水、工业废水的混合水量超过一定数量时,其超出部分通过溢流井直接排入水体。

截流式排水体制是城市的主要排水体制之一,特别应用于改造老城区直泄式合流制排水管网设施。

③完全处理式合流制:完全处理式合流制是对直泄式合流制的根本改造,将污水、废水、雨水混合汇集,全部输送到污水厂处理后再排放。显然,这种体制对防止水体污染,保障环境卫生方面当然是最理想的,但需要主干管的尺寸很大,污水处理厂的容量也增加很多,基建费用相应提高,很不经济。同时,由于晴天时管道中流量过小,水力条件不好,导致污水厂在晴天及雨天的水量、水质负荷很不均衡,造成运转管理上的困难。因此,这种方式在实际情况下也很少采用,通常应用在降雨量较小且对水质要求较高的地区。

2. 排水体制的选择

排水体制是城市和工业企业排水基础设施规划与设计的核心问题,不仅从根本上影响排水基础设施的设计、施工和维护管理,而且也影响城镇和工业企业的总体规划,又关系到能否满足对自然环境保护的要求,同时还关系到排水基础设施的总投资和初期投资及维护管理费用。因此,排水基础设施的选择应从以下4个方面加以考虑。

(1) 环境保护方面要求

截流式合流制排水基础设施同时汇集部分雨水送到污水厂处理,特别是较脏的初期雨水带有较多的悬浮物,其污染程度有时接近生活污水,这对保护水体是有利的。另一方面,暴雨时通过溢流井将部分生活污水和工业废水泄入水体,周期地给水体带来一定程度的污染是不利的。对于分流制排水基础设施,将城市污水全部输送污水厂处理,但初期雨水径流未加处理直接排入水体,是其不足之处。从环境卫生方面分析,哪一种体制较为有利,需根据当地具体条件分析比较才能确定。在一般情况下,截流式合流制排水基础设施对保护环境卫生及防治水体污染方面不如分流制排水基础设施。分流制排水基础设施比较灵活,较易适应发展需要,通常能符合城市卫生要求,目前已得到广泛采用,因此是城市排水体制发展的方向。

(2) 建设投资方面

合流制排水基础设施只需一套管渠设施,大大减少管渠的总长度。部分资料认为,合流制管渠比完全分流制管渠长度可缩短30%～40%,而断面尺寸和分流制雨水管渠断面基本相同,因此合流制排水管渠造价一般比分流制低20%～40%,虽然合流制泵站和污水厂的造价比分流制高,但由于管渠造价在排水基础设施总造价中占70%～80%,所以完全分流制的总造价一般比合流制高。从节省初期投资费用考虑,采用不完全分流制具有较大的经济意义。因为初期只建污水排除设施而缓建雨水排除设施,这样可分期建设,节约初期投资费用。同时,不完全分流制施工期限短,发挥效益快,可随着城市发展再建造雨水渠道。所以,目前我国不少新建的工业区与居住区均采用不完全分流制排水基础设施。

(3) 施工维护管理方面

在维护管理上,合流制排水管渠可利用雨天时剧增的流量来冲刷管渠中的沉积物,维护管理较简单,可降低管渠的经营费用。对于泵站和污水处理厂,由于设备容量大,晴天和雨天流入污水厂的水量、水质变化大,从而使泵站与污水厂的运转管理复杂,从而增加运营经费。分流制可以保持污水管渠内的自净流速,同时流入污水厂的水量和水质比合流制变化小,有利于污水的处理与利用和运转管理。在施工上,合流制管线单一,减少与其他地域管线构筑物的交叉量,管渠施工较简单,特别对于人口稠密、街道狭窄、地下设施较多的市区优势较为突出。在建筑物有地下室的情况下,采用合流制,遭遇暴雨时有可能倒流入地下室,安全程度不及分流制。

(4) 近远期关系方面

排水体制的选择应处理好近远期建设关系，在规划设计时应协调、衔接分期设施，使前期设施在后期设施中得以全面应用，特别是对于含有新旧城区的城镇规划。

总之，排水体制的选择是一项很复杂、很重要的工作，应根据城市的总体规划，环境保护的要求，结合当地的自然条件和水体条件、城市污水量和水质情况、市原有排水基础设施情况综合考虑，通过技术经济比较决定。新建城市排水基础设施一般采用分流制，城区排水基础设施采用截流式合流制较多。同一城市不同地区，根据具体条件，可采用不同的排水体制。

二、城市排水基础设施的平面布置

城市排水基础设施规划的平面布置是城市排水基础设施规划的主要内容，是现代城市不可缺少的一项重要基础设施，也是控制水污染、改善和保护环境的重要措施。它确定城市排水基础设施各组成部分在平面上的位置，是在统计出城市各种排水量、确定排水体制以及基本确定污水处理与利用的原则基础上进行的。城市排水基础设施的平面布置往往受到城市总体规划、竖向规划、排水体制、地形、河流、污水厂的位置、土壤条件、河流情况以及污水的种类和污染程度等众多因素的影响和制约。所以，在确定排水基础设施的布置形式时，应根据具体情况，综合考虑各方面的影响因素，以技术可行、经济合理、维护管理方便为原则，灵活进行排水管网的平面布置。城市排水基础设施的平面布置需考虑以下几类问题。

（一）城市排水基础设施平面布置的内容及原则

污水排除设施布置时需确定污水厂、出水口、泵站及主要管道的位置，利用污水灌溉农田时还需确定灌溉田的位置、范围，以及灌溉干渠的位置。雨水排除设施布置时需确定雨水管渠、排洪沟和出水口的位置。工业废水排除设施布置时需根据工业类别，按照具体情况决定。

厂内管渠设施一般由各厂自行布置，仅需厂内污水出流管的位置。各厂之间管渠设施及出水口位置由城市统一考虑，最后绘制出城市排水基础设施总平面图。

平面布置对整个排水基础设施起决定作用，为了使城市排水基础设施达到技术上先进、经济上合理，既能发挥其功能满足实用要求，又能处理好排水基础设施与城市其他部分的相互联系，平面布置中应遵循以下原则：

①符合城市总体规划的要求，并和其他单项设施密切配合，相互协调。

②满足环境保护方面的要求。

③合理使用土地，不占良田，少占农田。

④利用并结合现状，充分发挥城市原有排水基础设施的作用。

（二）城市排水基础设施平面布置的要点

影响城市排水基础设施平面布置的因素很多，如地形、地貌、城市用地功能分区布局、排水基础设施各组成部分的特点与要求，以及原有排水基础设施的现状、分期建设安排等，布置时应分清主次，因地制宜，一般考虑下列因素。

1. 排水基础设施是分散布置，还是集中布置

根据城市的地形和地域，按分水线和建筑边界线、天然和人为的障碍物划分排水区域。每个区域的排水基础设施自成体系，单独设置污水处理厂和出水口，称为分散布置。将各个流域组合成为一个排水基础设施，所有污水汇集到一个污水厂处理排放，称为集中布置。集中布置，干管比较长，污水厂及出水口少；分散布置，干管较短，但需建几个污水厂。采用分散布置还是集中布置取决于当地地形变化情况、城市规模及布局等。对于大城市，一般采用分散布置。对于中小城市，在布置集中及地形起伏不大的情况下，宜采用集中布置。

2. 污水处理厂及出水口的布置

出水口应位于城市河流下游，特别应在城市给水设施取水构筑物和河滨浴场下游，保持一定距离，并避免设在回水区，防止污染城市水源。污水处理厂一般应尽可能与出水口靠近，以减少排放渠道长度。由于出水口要求位于河流下游，所以污水厂一般也位于城市河流下游，并应位于城市夏季最小频率风向的上风侧，与居住区域或公共建筑之间有一定的卫生防护距离。污

水处理厂与出水口具体位置应由当地卫生主管部门同意。

3. 污水主干管的位置

应考虑使全区的主管便于接入，主管干不能埋置太浅，避免干管接入困难，但也不能太深，给施工带来困难，相应增加造价也是不适宜的。原则上在保证干管能接入情况下尽量使整个地区管道埋深最浅。主干管通常布置在集水线上或位于地势较低的街道上，若地形向河道倾斜，则主干管常设在沿河的道路上。从结合道路交通要求考虑，主干管不宜放在交通频繁的道路上，最好设在次要街道上，便于施工及维护检修。主干管的走向取决于城市布局及污水厂的位置。主干管最好以排泄大量工业废水的工厂为起端，这样在建成后可立即充分利用，有较好的水力条件。在决定主干管的具体位置时，应尽量避免或减少主干管与河流、铁路等的交叉量，同时避免穿越劣质土壤地区。

4. 泵站的数量和位置

泵站的数量和位置与主干管布置综合考虑决定，布置时减少中途泵站的数量。

5. 雨水管渠布置

雨水管渠布置，根据分散和直接的原则，密切结合地形，就近将雨水排入水体。布置时可根据地形条件，划分排水区域，各区域的雨水管渠一般采用与河湖正交布置的方法，以便采用较小的管径，以较短距离将雨水迅速排除。

6. 分期建设

分期建设宜考虑在决定主干管及污水厂位置方案中，往往遇到这样的问题。初期修建一条较大的干管排泄近期污水？还是先修建一条较小干管，待以后流量增大，输送能力不足时再修建另一条平行的干管？哪一种方案合理经济？此外，对于污水处理厂，是初期修建一个临时污水厂将污水简易处理后灌溉近郊农田，缩短近期修建的主干管长度？还是近期就将污水送到离建城区较远的地点，修建永久的污水厂，近期立即敷设较长的主干管？哪一种适宜？远近期如何结合？怎样安排近期建设？这是平面布置时需着重考虑和分析比较的问题。

总之，平面布置是排水基础设施规划十分重要的内容，体现这个设施规划的轮廓，确定排水基础设施的骨架，一些主要的控制问题在平面布置中基本确定，从而关系到整个排水基础设施的实用、经济、安全及施工方便。

(三) 城市排水基础设施平面布置的形式

城市排水基础设施平面布置形式是根据组成内容综合考虑上述原则最后得到的结果。影响排水基础设施平面布置的主要因素是城市规模、布局情况及地形等，应根据具体情况确定，一般有下列几种平面布置形式。

1. 集中式排水基础设施

全市只设一个污水处理厂与出水口，布置在城市下游，城市污水都汇集到该厂处理后再排入水体。由于污水输送距离较长，根据地形条件，设有中途泵站提升污水。集中式排水基础设施比较容易确定污水处理厂、出水口的位置，污水处理集中，易于管理，易于确定与城市其他部分相对位置的关系。对于地形变化较小、排水基础设施规模不大的中小城市采用较多。

2. 分区式排水基础设施

分区式排水基础设施分为 4 种。根据城市布局与地形条件，划分为若干排水区域，通常各区有独立的管道设施、污水厂处理和出水口，有时某些区由于条件限制而不设污水厂，把污水用主干管输送到另一区集中处理。采用分区式排水基础设施有下列 4 种情况：

(1) 地势高低相差大，形成高低两个台地，在高台地与低台地分别设置污水管道，污水集汇低台地污水厂处理后再排放。

(2) 地形中间隆起，形成分水岭，岭两边分别设置排水基础设施，单独设污水厂及出水口。

(3) 城市用地布局分散，地形复杂，被河流分隔成几个区域，各区形成独立的排水基础设施。

(4) 处于平原的大城市，地域广阔，污水量大。为了避免干管太长，埋置太深，采取分区布置，可降低管渠设施造价和泵站的经营费用。

3. 区域排水基础设施

区域排水基础设施是以一个大型的地区污水处理厂代替相邻各城镇许多独立的小型污水处理厂。在工业和人口稠密地区，采用这种排水基础设施能降低污水处理厂的建设与经营费用，能更有效地防止地面水的污染，能更好地满足环境保护。

三、城市更新过程中排水基础设施规划

城市排水按照来源和性质分为3类：生活污水、工业废水和降水。通常所说的城市污水是指排入城市排水管道的各种污水和工业废水的总和。城市排水基础设施一般随城市的发展而相应发展。最初，城市往往用明渠直接排除雨水和少量污水至附近水体。随着工业的发展和人口的增加、集中，为保证市区的卫生条件，便采用直泄式合流制管渠排水基础设施。直泄式合流制管渠排水基础设施是在同一管渠内排除包括城市污水及雨水的管渠设施，此设施应用在我国大多数城市的旧排水管渠设施中。

（一）城市旧排水基础设施的改造途径

在旧排水基础设施改造中，除加强管理、严格控制工业废水排放、修建或新建局部管渠与泵站等具体措施外，体制的选择也是一项极为重要的问题。对于一般为直泄式合流制旧排水基础设施的改造工作通常有以下3种途径。

1. 改合流制为分流制

将直泄式合流制改为分流制，可以解决城市污水对水体的污染，是一个比较彻底的方法，但需改建几乎所有的污水出水管及雨水连接管，破坏较多的路面，设施量大，影响面广，因此往往很难实现。只有当城市发展迅速，旧排水管渠输水能力基本上不能满足需要，或管渠损坏渗漏已十分严重时，可考虑彻底改成分流制，另行增设一条管线，而使原有管线修正后只供排除污水（有时是雨水）之用。这样，可以比较彻底地解决城市污水对水体的污染问题。

2. 保留合流制，新建合流制管渠截流管

沿河流修建截流干管及溢流井，汇集城市污水，送往下游进行处理排放，即将原直泄式合流制改为截流式合流制。截流干管的设置可与城市河道整治及防洪、排涝设施规划结合。

3. 对溢流的混合污水进行适当处理和控制

由于从截流式合流制排水管渠溢流的混合污水直接进入水体仍将造成污染，且污染程度日益严重，为保护水体，可对此进行适当处理，即对溢流的混合污水进行适当处理后排放。处理措施有细筛滤、沉淀，也可投氯消毒后再排入水体；为减少溢流的混合污水对水体的污染，在土壤有足够渗透能力且地下水位较低的地区，采用提高地表持水能力和地表渗透能力的方法减少暴雨径流，从而降低溢流的混合污水量，避免由其引起的二次污染。

总之，城市旧排水基础设施的改造是一项很复杂的工作，必须根据当地的具体情况，与城市规划（村镇规划）相结合，在确保水体免受污染的前提下，充分发挥原有排水基础设施的作用，使改造方案既有利于保护环境，又经济合理、切实可行。

（二）工业废水的排除

工业废水是指工业生产过程中产生的废水、污水和废液，其中含有随水流失的工业生产用料、中间产物和产品及生产过程中产生的污染物。城市总污水量中工业废水量通常占很大的比重，是造成水体污染的一个重要污染源。随着工业的发展，废水的种类和数量迅猛增加，对水体的污染也日趋广泛和严重，威胁人类的健康和安全。从保护环境来说，工业废水的处理比生活污水的处理更为重要。

1. 排除工业废水的处理原则

工业废水的有效治理应遵循下述原则。

（1）最根本的是改革生产工艺，尽可能在生产过程中杜绝有毒有害废水产生，不排或少排废水，如以无毒用料或产品取代有毒用料或产品。

（2）应该严格控制工业废水的排放量。防治工业废水污染，不是消极处理已经产生的废水，而是控制和消除产生废水的原因，尽量节约用水，重复利用废水，以减少废水及污染物的排放量。

（3）在使用有毒原料及产生有毒的中间产物和产品的生产过程中，采用合理的工艺流程和设备，并实行严格的操作和监督，消除漏逸，尽量减少流失量。

（4）含有剧毒物质的废水，如含有一些重金属、放射性物质、高浓度酚、氰等的废水应与其他废水分流，以便处理和回收有用物质。

（5）一些流量大而污染轻的废水，如冷却水，不宜排入污水管道，以免增加城市污水管道和污水处理厂的负荷。这类废水应在厂内经过适当处理后循环使用。

（6）成分和性质类似于城市污水的有机废水，如造纸废水、制糖废水、食品加工废水等，可以排入城市污水设施。应建造大型污水处理厂，包括因地制宜修建的生物氧化塘、污水库、土地处理设施等简易可行的处理设施。与小型污水处理厂相比，大型污水处理厂既能显著降低基本建设和运行费用，又因水量和水质稳定，易于保持良好的运行状况和处理效果。

（7）一些可以生物降解的有毒废水，如含酚、氰的废水，经厂内处理后，可按容许排放标准排入城市污水管道，由污水处理厂进一步进行生物氧化降解处理。

（8）含有难以生物降解的有毒污染物的废水不应排入城市污水管道和输往污水处理厂，而应进行单独处理。

2. 不同水质的工业废水的排除设施

在排水基础设施规划中，首先落实各工业企业排放的废水量与水质情况。工业废水分为生产废水与生产污水两种，由于水质不同而要求各工业企业排水管道设计中必须清浊分流，分别排放。生产废水一般由工厂直接排入水体或者循环使用或排入城市雨水管渠，在规划中统一考虑接入雨水管渠的位置，并在雨水管渠计算中计入这部分水。生产污水的排除存在两种情况：一种是生产污水排入城市污水管道设施，与生活污水一并处理与排放；另一种是单独形成工业生产污水的排除与处理设施。

（1）生产污水排入污水管道设施

当工业企业位于市区内，污水量不大，水质与生活污水相类似时，通常可直接排入城市污水排除设施，如食品工业生产污水、肉类加工厂生产污水等。但并不是所有工业企业的生产污水都能这样，由于有些工业生产污水含有毒、有害物质，排入后可能使污水管道腐蚀损坏，或影响城市污水的处理，造成运转管理上的困难，增加处理的复杂程度。

（2）独立的工业生产污水排除处理设施

一般在下列3种情况下采用：

①生产污水水质复杂，不符合排入城市污水管道的水质要求时；

②生产污水量较大，利用城市污水管道排除时污水管道的管径增加较大，不经济时；

③工厂位于城市远郊或离市区较远，利用城市污水管道排除生产污水有困难或增加管道连接，不经济时。

在生产污水自成独立排除设施情况下，为了回收与处理，常按生产污水的成分、性质，分为各种管道设施，如酸性污水管道、碱性污水管道、含油污水管道等。这些生产污水管道一般由一个厂或几个厂连成设施，专设污水处理站进行回收与处理后，直接排放。

在城市排水基础设施规划中，对于上述生产污水管道设施，应统一考虑其出水口的位置，控制其出水水质，要求符合国家规定的排放标准后方可排出。

四、城市排水基础设施的规划

城市排水基础设施规划也是城市规划重要组成部分之一，其任务是根据城市发展的总体规划，拟订全市的排水方案，使城市有合理的排水条件，为排水基础设施设计奠定基础。

（一）城市排水基础设施规划的内容

城市排水基础设施规划包括以下内容：

①估算城市排水量。城市排水量包括生活污水量、工业废水量和雨水

量。一般将生活污水量和工业废水量之和称为城市总污水量，雨水量则单独计算。

②拟订城市污水、雨水的排除方案，包括确定排水区界和排水方向；确定生活污水、工业废水和雨水的排除方式；旧城区原有排水基础设施的利用与改造及确定在规划期限内排水基础设施建设的远近期结合、分期建设等问题。

③研究城市污水处理与利用的方法及污水处理厂位置选择。城市污水是指排入城镇污水管道的生活污水和生产污水。根据环境保护的规定及城市的具体条件，确定其排放程度、处理方式及污水、污泥综合利用的途径。

④布置排水管渠，包括污水管道和雨水管渠的布置等，要求决定主干管和干管的平面位置、高程、估算管径、泵站设置等。

⑤估算城市排水基础设施的造价及年经营费用，一般按扩大经济指标计算。

（二）城市排水基础设施规划的方法

排水基础设施的规划一般按下列步骤进行：

1. 搜集必要的基础资料

根据所掌握的有关资料进行排水基础设施的规划，使规划方案建立在可靠的基础上。所需资料包括以下3个方面：

（1）有关明确任务的资料：包括城市总体规划及城市其他单项设施规划的文案；上级部门对城市排水基础设施规划的有关指示、文件；城市范围内各种排水量、水质资料；环保、卫生、航运等部门对水体利用和卫生防护方面的要求等。

（2）有关设施现状方面资料：包括城市道路、建筑物、地下管线分布情况及现有排水基础设施情况，以及绘制排水基础设施现状图（1：10000～1：5000），调查分析现有排水基础设施存在的问题。

（3）自然条件方面的资料：包括气象、水文、地形、地质等原始资料。

2. 进行排水基础设施规划设计方案考虑及分析比较

在基本掌握资料的基础上，着手考虑方案，绘制排水基础设施方案图，进行设施造价估算。规划时给出若干方案，进行技术经济比较，选择技术合理、投资省的最佳方案。

3. 绘制城市排水基础设施规划图，编写文字说明

（1）现状图：表示城市排水基础设施的布置和主要设施情况。

（2）设施规划图：表示规划期末城市排水基础设施的位置、用地，以及排水干管（渠）的布置、走向、出口位置等。

（3）规划文本与说明书主要内容有：分区排水基础设施规划依据和原则，污水排放定额，排放量计算，排水分区，排水基础设施的位置与规模，排水干管布置，管径控制。

（三）城市排水基础设施规划与城市总体规划的关系分析

城市排水基础设施规划是城市总体规划工作的重要组成部分，是对水源，供水设施、排水基础设施的综合优化功能和设施布局进行的专项规划，是城市专业功能规划的重要内容。排水基础设施是城市建设的组成部分，是城市基础建设之一，是城市单项设施规划之一。城市总体规划中的设计规模、设计年限、功能分区布局、人口的发展、居住区的建筑层数和标准及相应的水量、水质、水压资料等是给水排水基础设施规划的主要依据。因此，城市排水基础设施规划与城市总体规划及其他各单项设施规划之间均存在密切的联系。规划时，不仅要考虑自身的特点与要求，同时应与总体规划及各单项设施规划彼此协调，有机组合。

1. 城市排水基础设施规划与城市总体规划的关系

（1）城市总体规划是排水基础设施规划的前提和依据，同时城市排水基础设施规划对城市总体规划也有一定的影响。所以，应根据城市总体规划进行排水基础设施规划。

（2）排水基础设施的规划应根据城市总体规划进行，其规划年限应与城市总体规划所确定的远近期年限一致。城市近期规划一般为 5 年，远期规划为 20 年。

（3）城市总污水量的估计和污水水质情况的分析可根据城市发展的人口规模、工业种类和规模等来确定。城市排水基础设施的规模应符合城市发展

的需要,避免过大或过小:过大,造成设备、资金浪费;过小,则不能满足需要,如果不断扩建,既不合理,也不经济。

(4)城市排水基础设施的规划范围应根据城市用地及其发展方向来确定,并据此进行城市排水基础设施的布置及拟订分期建设计划。城市污水的处理和利用应根据污水排放标准,结合城市具体情况确定。

2.城市排水基础设施规划与其他单项设施规划的关系

其他单项设施规划有道路交通规划、用地规划、给水基础设施规划、人防基础设施规划等。排水基础设施规划与这些单项设施规划是在城市总体布局基础上平行进行的,要求单项设施规划之间相互配合、协调,解决彼此间的矛盾,避免冲突,使各组成部分之间构成有机的整体。排水基础设施规划还应研究与人防设施结合及与河道整治、防洪排洪设施结合等。

五、乡村排水基础设施规划

(一)乡村排水基础设施的组成

①室内污水设备及管道设施,其作用是收集生活污水,并将其排除至室外。

②室外污水管道设施,包括分布在地下的依靠重力流输送污水至泵站、污水处理站或水体的管道设施。

③污水泵站及压力管道。

④污水处理站。处理和利用污水、污泥的一系列构筑物称为污水处理站。

⑤出水口及事故排放口。污水排入水体的渠道和出口称为出水口,它是整个乡村污水排水基础设施的终点设备。事故排放口是指在污水排水基础设施的中途,在某些易于发生故障的设施前面所设置的辅助性渠道和出口。

(二)乡村污水的特点

总体上,我国乡村生活污水不同于城市污水的特点是:间歇排放,量少分散,瞬时变化大;经济越发达,生活污水的氮、磷含量越高。

(三)乡村水污染源特点

乡村水污染源主要为非点源污染。农业非点源污染主要是农业生产活动中的化肥、农药及其他有机或无机污染物，因降水或灌溉过程通过地表径流、农田排水或地下水渗漏等形式进入周围环境水体中，造成水体污染，其污染形式主要包括化肥污染、农药污染、集中养殖业污染。农业非点源污染主要特点为来源分散、成分复杂、随机性、潜伏周期长。

（四）乡村排水总体布局的原则

1. 紧邻城市地区总体布局

紧邻城市的乡村地区排水基础设施可依托城区排水基础设施建设，一方面城区基础设施条件较好，另一方面近邻地区基础设施大多属于城市基础设施的有效覆盖范围，所以排水基础设施也进行联网建设，与城市排水基础设施相协调，并从长远规划着眼，采用雨污分流的排水体制。

2. 居民点密集地区总体布局

农户围绕某个经济较好的集中地（如镇区）居住，即形成农居点密集的地区，这类地区的排水处理情况较为复杂，应进行充分的技术经济分析。如果地形有利于污水集中收集，则可将几个村庄的污水进行统一处理，或顺应地形坡度排入镇区污水处理厂进行统一处理，局部偏远地区污水不易排出，则分片区自行处理，采用单户处理或联户处理方式。可采用污水管渠收集污水，或新建或对原有管渠进行改造利用，计算排水量，合理确定管渠的断面尺寸、坡度等，以保证排水畅通，避免污水横流现象发生。

3. 居民点分散地区总体布局

农居点分散地区与城区距离较远，农居点分布较为分散，平均人口密度低。规划应采用以分散处理为主，集中与分散相结合的方式。这种排水基础设施的小规模建设方式可与村庄经济发展相适应，二者同步发展或排水基础设施建设紧随经济的发展而发展，力求同步，使其既能促进经济的发展，又能保持经济对排水基础设施建设的积极引导作用。

4. 分类建立雨水收集设施

乡村的雨水收集主要分为屋顶雨水收集和地面雨水收集。在屋顶建设导流管将屋顶上的雨水汇集到导流管中，经过简单过滤和净化过程排入自然水体或存储起来供生活用；地面雨水成分复杂，往往含有大量悬浮物和杂质，在地面水汇流区建立导流沟，将雨水集中在一起，通过沉淀和过滤以及进一步净化排放到水体中供生活之用。

5. 合理铺设排水收集管网

因地制宜地采用合流制或分流制布设室内和室外排水收集管网，立足当前并兼顾长远考虑合理确定管径。

6. 采用资源化生物生态处理技术

应根据区域特点，借助乡村独特的自然条件，推荐采用资源化生态处理技术，将再生水用于冲厕、保洁、洗车、绿化、环境和生态用水等。

7. 强化运行管理

定时检查及更新管网，减少管网的漏损率；使用节水型水嘴、节水型便器设施、节水型淋浴器、节水型洗衣机等，降低水的使用量；合理调整服务产业区水价，以经济杠杆提高从业人员的节水意识，排放污水必须达标，从源头上减少污染物的排放。

（五）乡村排水平面布置的一般原则

排水基础设施的平面布置根据地形、周围水体情况、污水种类、污染情况等来确定，主要分为以下3种布置形式：直排式、分散式、集中式。直排式布置多用于雨水排放设施；分散式布置多用于场地起伏不平或需要按用地功能进行不同的排水处理；集中式布置多适用于紧凑布局；乡村建设成连续性带状或环状布置时，通常将污水集中处理，这种布置便于发挥规模效益，占地少，节省基建费用和运行管理费用。

（六）乡村旧排水基础设施的改造途径

随着城镇化水平的逐步提高，村庄较为密集的地区，可能发展为未来集聚化发展的乡村社区。这样对排水基础设施的规划也要有适当高的标准，并且需要考虑未来的发展空间。雨污分流的排水体制是乡村排水体系未来发展的方向，即使不具备建设雨污分流体制的经济能力，也应从长远规划，先建设污水管网，并为未来雨水管网的建设留有余地，最后逐步实现雨污分流的排水体制。城市新区靠近乡镇，一般实行雨污分流的排水体制，周边的乡村应与城市新区的排水基础设施相协调，采取雨污分流制将污水排入市政管网。如果乡村地形坡度较好，雨水不是目前急需解决的主要矛盾，近期对天然降水可以沿地面自然排放或采用造价较低的明渠收集、输送与排放。

第四章　城乡生态与环境规划

第一节　生态学基础

一、生态学的定义

(一) 生态学概念的起源

当今人们在人与自然关系上及经济社会发展过程中使用频率较多的一些概念有生态平衡、生态危机、生态意识等，都是与具有广泛包容性的生态学密切相关的。生态学是生物学的一个重要分支，也是环境科学的重要组成部分。生态学是研究生物与其生存环境之间相互关系和相互作用规律的科学，是现代科学领域中的一门十分重要的基础学科。目前，该学科是新兴的环境学的理论基础，并被公认为是一门关于人类生存与发展的综合性科学。

"生态学"（ecology）一词源自希腊文"oikos"，是"住所，栖息地"的意思。可见，生态学是源于研究居住环境的科学。同时，"生态学"和"经济学"（economics）又是同源词，所以也有人把生态学称作自然经济学，其意是指对自然环境研究具有重要经济价值。

(二) 生态学概念的科学内涵

经典生态学或者基础生态学研究中的生态关系和生态学机制可以被外延为自然生态规律，生物和人类的生活、生存和繁衍及其适应自然环境的准则、理念、智慧、策略、技术。这些准则、理念、智慧、策略、技术被应用于产业、社会、经济发展的生态学研究，进而就泛化衍生出了各种社会、经济生态学分支学科。

人们普遍而简单地定义普通生态学为"研究生物与环境关系的科学"。然而，关于如何理解"生物与环境关系"，不同研究领域的学者们却给出了多种不同的定义，由此形成了不同学科视角下的生态学科学内涵、研究对象及概念体系。微生物、植物、卵生动物及胎生动物的生命活动及生育繁殖对环境条件的要求及资源需求各有不同。随着生物进化水平的升高其生活史越来越复杂，其对环境和资源要素的需求量也随之增加。

由此可以理解，生态学基本内涵就是研究各类生物及其生命活动与环境条件及自然资源关系的科学，是生物学的重要分支。这里的生物是指动物、植物、微生物等物种的个体、集群或种群；而生物环境是指生物个体、生物种群以及生物群落生命活动必需的栖息地、光照（强度、长度、周期）、温度、水分（湿度）、氧气（氧化还原电位）、盐度、酸碱度（pH）等环境条件，以及生长需要的栖息空间中的能量（辐射）、淡水、营养（食物）、生命元素等资源供给数量和质量，它们统称为自然资源与环境。然而，当代的生态学是从生物学分支发展起来的一门学科，经过与资源环境科学、地理科学和社会经济科学的不断融合，其科学内涵与研究领域也在不断扩展。

当代的生态学已经发展成为具有独特理论、研究对象及方法论的综合性学科体系，其生物概念已经从抽象的生物有机体（生命体），扩展到了宏观生命系统、生物有机体系统、各类生态系统、区域及地球生物圈等多层级的生态学系统。相应地，生态系统的普适性概念也可以扩展性概括为：由生物或生物种群或生物群落与其栖居的资源环境所构成，并通过各个组成部分相互依赖、相互作用形成的生态学系统。进而，基于生态学传统定义及学科范畴，可将当代生态学的科学内涵扩展为"研究生态学系统的结构和功能及其与资源环境关系的科学"。

二、生态学的研究对象

生物是呈等级组织存在的，由生物大分子—基因—细胞—个体—种群—群落—生态系统，直到生物圈。过去的生态学主要研究个体以上和区域以下的层次，而现代生态学的研究范围已经向下延伸到分子水平，向上扩大到宇宙空间。生态学涉及的环境十分复杂：从无机环境（岩石圈、水圈和大气圈）、生物环境（动物、植物、微生物）到人类社会，以及由人类活动所导致的环境问题。

生态学是一门综合性很强的学科，它涉及人类自诞生以来产生的一切智慧和文明。生态学与其他任何学科的交叉融合，都可形成一门新的学科。从自然到社会、从理论到实践、从工程到技术、从宏观到微观、从物质到精神，生态学的研究领域十分广阔。

生态学研究对象的广泛性决定了生态学应用范围的广泛性。生态学的一些原理和方法已经成为很多领域的旗帜，尤其是与生态环境关系紧密的领域，如农业发展、城乡建设、生物多样性保护、河流整治、国土空间规划、生态环境保护、流域治理等。

根据生态学研究对象的组织水平、类群、生境、研究性质、应用领域、服务对象以及学科交叉特点等可将其划分为不同类别：

①从研究对象的组织水平划分，生态学分为分子生态学、进化生态学、个体生态学、种群生态学、群落生态学、生态系统生态学、景观生态学与全球生态学。

②从研究对象的分类学类群划分，生态学分为植物生态学、动物生态学、微生物生态学、陆生植物生态学、哺乳动物生态学、昆虫生态学、地衣生态学，以及各个主要物种的生态学等。

③根据研究对象的生境类别划分，生态学分为陆地生态学、海洋生态学、淡水生态学等。

④根据研究性质划分，生态学分为理论生态学与应用生态学。

⑤根据应用领域及服务对象划分，生态学分为农业生态学、城市生态学、资源生态学、环境生态学、恢复生态学、旅游生态学等。

⑥根据学科交叉特点划分，生态学分为数学生态学、物理生态学、化学生态学、信息生态学、系统生态学、行为生态学、进化生态学等。

三、生态学的分类

生态学按照其研究对象的不同等级单元，按照生物栖息的不同场所等可以分成若干类型。

(一) 研究对象

1. 个体生态学

个体生态学是研究单一物种的生态学，即只研究该物种及其环境，其物种影响环境和物种受环境的影响的情形。

2. 种群生态学

种群是指一定时间、一定区域内同种个体的组合，研究者对种群生态学的研究主要研究一种或亲缘关系较近的几种生物种群与环境之间的关系。

3. 群落生态学

群落是指多种植物、动物、微生物种群聚集在一个特定的区域内，相互联系、相互依存而组成的一个统一的整体。研究者对群落生态学研究的主要内容是群落与环境间的相互关系，揭示群落中各个种群的关系、群落的自我调节和演替等。

4. 生态系统生态学

生态系统生态学以生态系统为研究对象。生态系统是指生物群落与生活环境间由于相互作用而形成的一种稳定的自然系统。生物群落从环境中取得能量和营养，形成自身的物质，这些物质由一个有机体按照食物链转移到另一个有机体，最后又返回到环境中去，通过微生物的分解，又转化成可以重新被植物利用的营养物质，这种能量流动和物质循环的各个环节都是生态系统生态学的研究内容。

(二) 研究性质

按照研究的性质不同，生态学通常划分成理论生态学和应用生态学两大类。理论生态学的分类主要包括：

1. 依据生物类别分类

目前有动物生态学（Animal Ecology）、植物生态学（Plant Ecology）、微

生物生态学（Microbial Ecology）等。动物生态学又分出哺乳动物生态学（Mammalian Ecology）、鸟类生态学（Avian Ecology）、鱼类生态学（Fish Ecology）、昆虫生态学（Insect Ecology）等。

2. 依据生物栖息地分类

按照生物栖息地分类，生态学有陆地生态学（Terrestrial Ecology）、海洋生态学（Marine Ecology）、河口生态学（Estuarine Ecology）、森林生态学（Forest Ecology）、淡水生态学（Freshwater Ecology）、草原生态学（Grassland Ecology）、沙漠生态学（Desert Ecology）和太空生态学（Space Ecology）等。

3. 理论生态学的一些分支学科

理论生态学有行为生态学（Behavioural Ecology）、化学生态学（Chemical Ecology）、数学生态学（Mathematical Ecology）、景观生态学（Landscape Ecology）、物理生态学（Physical Ecology）、进化生态学（Evolutionary Ecology）、哲学生态学（Philosophy Ecology）和生态伦理学（Ecological Ethics）等。

应用生态学的分类可以分为污染生态学（Pollution Ecology）、放射生态学（Radiation Ecology）、热生态学（Thermal Ecology）、古生态学（Paleoecology）、野生动物管理学（Wildlife Management）、自然资源生态学（Ecology of Natural Resources）、人类生态学（Human Ecology）、经济生态学（Economic Ecology）、城市生态学（City Ecology）、农业生态学（Agroecology）等。

四、生态学的基础原理

（一）生态学的重要观点

著名的现代生态学家奥德姆提出了生态学的若干重要观点，对认识生态学的基本原理有重要的启示作用。

①生态系统是一个远离平衡态的热力学开放系统。输入和输出的环境是这一概念的基本要素。例如，一片森林，进入和离开这片森林的成分与森林

内部的成分同等重要。一个城市也是如此。城市不是一个生态学或经济学上自我维持的单位，而是依靠外界环境维持其生存和发展，这如同城市内部的各种活动一样。

②生态系统的各组织水平中，物种间的相互作用趋于不稳定，非平衡甚至混沌（无序）。短期相互作用，例如种间竞争——寄生物与寄主之间的竞争、草食动物与植物间的相互作用等都趋于被动和循环。而复杂的大系统（如海洋、大气、土壤、大面积森林等）趋向于从随机到有序，具有稳定生态特性，如大气的气体平衡。因此，大生态系统组分更加稳定，这是一个最重要的原理之一。

③存在着两种自然选择或两方面的生存竞争：有机体对有机体——导致竞争；有机体对环境——导致互惠共存。为了生存，一个有机体可能与另一有机体竞争而不和它的环境竞争，它必须以一种合作的方式适应或改造它的环境和群落。

④竞争导致多样性而不是灭绝。物种常常通过改变自己的功能生态位以避免由于竞争产生的有害影响。

⑤当资源缺乏时，互惠共存进化增强。当资源被束缚在有机生物链中（如成熟的森林）或当土壤和水分等营养贫乏时，物种之间为了共同利益的协同作用就具有了特殊的存在价值。

⑥一个扩展的生物多样性研究方法应包括基因和景观多样性，而不仅仅是物种多样性。保护生物多样性的焦点必须是在景观水平上，因为任何地区的物种变异都依赖于斑块和通道的大小、种类和动态。

⑦容纳量是一个涉及利用者数量和每个利用者利用强度的二维概念。这两个特征互相制约，随着每个利用者（个体）影响强度的增加，某一资源可支持的个体数量减少。这个原理是十分重要的。根据它我们可以估测在不同生活质量水平下人类负载能力和决定在土地利用规划中留给自然环境多大缓冲余地。

⑧污染物输入源的管理是处理污染危害的重要途径。减少污染源、减少废物，不仅减少了污染，而且还节约了资源。

⑨总体而言,从地球上有生命开始,有机体是以一种有益于生命的方式(如增加氧气、减少二氧化碳)适应物理环境,同时也改变了它们周围的环境。

⑩产生或维持能量流动和物质循环,总是需要消耗能量的。根据这个能量概念,不管是自然的还是人工的群落和生态系统,当它们变得更大、更复杂时,就需要更多的有效能量来维持。比如,一个城市规模增加一倍时,则需要多于一倍的能量来维持其有序。

(二)生态学的一般规律

生态规律是关于生命物质与环境相互作用的规律,是生命物质与环境构成生态系统发育、演替的规律,也是支配物质运动的生态形式与生态过程的规律,是生态运动过程所内含的必然性或本质联系。

1. 相互依存与相互制约规律

相互依存与相互制约,反映了生物间的协调关系,是构成生物群落的基础。生物间的这种协调关系,主要分两类:

一种是普遍的依存与制约,又称"物物相关"规律。有相同生理、生态特性的生物,占据与之相适宜的小生境,构成生物群落或生态系统。系统中不仅同种生物相互依存、相互制约,异种生物(系统内各部分)间也存在相互依存与制约的关系,不同群落或系统之间,也同样存在依存与制约关系,也可以说彼此影响。这种影响有些是直接的,有些是间接的,有些是立即表现出来的,有些需滞后一段时间才显现出来。一言以蔽之,生物之间的相互依存与制约关系,无论在动物、植物和微生物中,或在它们之间,都是普遍存在的。

另一种是通过"食物"而相互联系与制约的协调关系,又称"相生相克"规律。这一规律的具体形式是食物链与食物网,即每一种生物在食物链或食物网中,都占据一定的位置,并具有特定的作用。各生物之间相互依赖,彼此制约、协同进化。被食者为捕食者提供生存条件,同时又为捕食者控制;反过来,捕食者又受制于被食者,彼此相生相克,使整个体系(或群落)成为协调的整体。或者说,体系中各种生物个体都建立在一定数量的基础上，即它们的大小和数量都存在一定的比例关系。生物体之间的这种相生相克作用，使生物数量保持相对稳定，这是生态平衡的一个重要方面。当向一个生物群落（或生态系统）引进其他群落的生物种时，往往会由于该群落缺乏能控制它的物种（天敌）存在，而使该物种种群数量爆发，从而造成生物灾害。

2. 微观与宏观协调发展规律

有机体不能与其所处的环境分离，而是与其所处的环境形成一个整体。来自环境的能量和物质是生命之源，一切生物一旦脱离了环境或环境一旦受到了破坏，生命将不复存在。生物与环境之间通过食物链（网）的能量流、物质流和信息流而保持联系，构成一个统一的系统。一旦食物链（网）发生故障，能量、物质、信息的流动出现异常，生物的存在也将受到严重威胁。地球上一切生物的生存和发展，不仅取决于微观的个体生理机能的健全，而且取决于宏观的生态系统的正常运行，个体与整体（环境）、微观与宏观只有紧密结合，形成统一体，才能取得真正意义上的协调发展。

3. 物质循环转化与再生规律

生态系统中，植物、动物、微生物和非生物成分，借助能量不停流动，一方面不断地从自然界摄取物质并合成新的物质，另一方面又随时被分解为原来的简单物质，即所谓"再生"，重新被植物所吸收，进行着不停顿的物质循环。因此，要严格防止有毒物质进入生态系统，以免有毒物质经过多次循环后富集，从而危及人类安全。至于流经自然生态系统中的能量，通常只能通过系统一次。它沿食物链转移，每经过一个营养级，就有大部分能量转化为热量而散失掉，无法被回收利用；因此，为了充分利用能量，必须设计出能量利用率高的系统。如在农业生产中，应防止食物链过早被截断、过早转入细菌分解；不让农业废弃物（如树叶、杂草、秸秆、农产品加工下脚料及牲畜粪便等）直接作为肥料被细菌分解，不使能量以热的形式散失掉，应该对其适当处理，例如先将其作为饲料，更有效地利用能量。

4. 物质输入与输出的动态平衡规律

物质输入与输出的动态平衡规律又称"协调稳定规律"，它涉及生物、环境和生态系统三个方面。当一个自然生态系统不受人类活动干扰时，生物与环境之间的输入与输出，是相互对立的关系。生物体进行输入时，环境必然进行输出，反之亦然。生物体一方面从周围环境摄取物质，另一方面又向环境排放物质，以补偿环境的损失（这里的物质输入与输出，包含量和质两个指标）。也就是说，对于一个稳定的生态系统，无论对生物、对环境，还是对整个生态系统，物质的输入与输出都是平衡的。

5. 生物和环境相互适应与补偿的协同进化规律

生物与环境之间，存在着作用与反作用的过程。植物从环境吸收水和营养元素，这与环境的特点，如土壤的性质、可溶性营养元素的量以及环境可提供的水量等紧密相关。同时，生物体则以其排泄物和尸体等形式将相当数量的水和营养素归还给环境，最后获得协同进化的结果。例如，最初生长在岩石表面的地衣，由于没有多少土壤着"根"，所得的水和营养元素就十分少。但是，地衣生长过程中的分泌物和尸体的分解，不但把等量的水和营养元素归还给环境，而且还生成不同性质的物质，能促进岩石风化而变成土壤。这样环境保存水分的能力增强了，可提供的营养元素也增多了，从而为高一级的苔藓创造了生长的条件。如此下去，以后便逐步出现了草本植物、灌木和乔木。生物与环境就是如此反复地相互适应和补偿。生物从无到有，从植物到动物、植物并存，从低级向高级发展；而环境则从光秃秃的岩石，向具有相当厚度、适于高等植物和各种动物生存的环境演变。可是如果某种原因，损害了生物与环境相互补偿与适应的关系，例如某种生物过度繁殖，则环境就会因物资供应不及而造成生物的饥饿死亡。

6. 环境资源的有效极限规律

任何生态系统作为生物赖以生存的各种环境资源，在质量、数量、空间、时间等方面都具有一定限度，不能无限制地供给。当今全球存在的生态环境危机，实际上从某种程度上而言是超负荷、超速度地开采环境所造成的。对每一生态系统而言，利用、开采其环境资源即是对其的一种外来干扰，每一个生态系统对任何的外来干扰都有一定的忍耐极限。当外来干扰超过此极限时，生态系统就会被损伤、破坏，以至瓦解。所以，放牧强度不应超过草场的允许承载量；采伐森林、捕鱼狩猎和采集药材时不应超过能使各种资源永续利用的产量；保护某一物种时，必须留有足够使它生存、繁殖的空间；排污时，必须使排污量不超过环境的自净能力等。

(三) 生态学的基本原理

1. 循环再生原理

物质循环、再生利用是一个基本生态学原理。该原理认为，自然生态系统的结构和功能是对称的，它具有完整的生产者、消费者、分解者结构，可以自我完成"生产—消费—分解—再生产"为特征的物质循环功能，能量和信息流动畅通，系统对其自身状态能够进行有效调控，生物圈处于良性的发展状态。

2. 共生共存、协调发展的原理

共生关系是指生态系统中的各种生物之间通过全球生物、地球、化学循环有机地联系起来，在一个需要共同维持、稳定、有利的环境中共同生活。自然生态系统是一个稳定、高效的共生系统，通过复杂的食物链和食物网，系统中一切可以利用的物质和能源都能够得到充分地利用。从本质上讲，自然环境、资源、人口、经济与社会等要素之间存在着普通的共生关系，形成一个"社会—经济—自然"的人与自然相互依存、共生的复合生态系统。

3. 生态平衡与生态阈限原理

生态平衡是指生态系统的动态平衡。在这种状态下，生态系统的结构与功能相互依存、相互作用，从而使之在一定时间、一定空间范围内，各组成要素分别通过制约、转化、补偿、反馈等作用处于最优化的协调状态，表现为能量和物质输入和输出动态平衡，信息传递畅通和控制自如。在外来干扰条件下，平衡的生态系统通过自我调节可以恢复到原来的稳定状态。生态系统虽然具有自我调节能力，但只能在一定范围内、一定条件下起作用。如果干扰过大，超出了生态系统本身的调节能力，生态平衡就会被破坏，这个临界限度称为生态阈限。

4. 生态位原理

生态位就是生物在漫长的进化过程中形成的，在一定时间和空间拥有稳定的生存资源（食物、栖息地、温度、湿度、光照、气压、盐度等等），进而获得最大或比较大生存优势的特定的生态定位，即受多种生态因子限制，而形成超体积、多维生态时空复合体。

生态位的形成减轻了不同物种之间的恶性竞争，有效地利用了自然资源，使不同物种都能够具有生存优势。生态位不仅仅适用于自然子系统中的生物，同样适用于社会、经济子系统中的功能和结构单元。人类社会活动的诸多领域均存在"生态位"定位问题，只有正确定位，才能形成自身特色，发挥优势，减少内耗和浪费，提高社会发展的整体效率和效益。

5. 生态系统服务的间接使用价值大于直接使用价值的原理

生态系统服务是指对人类生存与生活质量有贡献的生态系统产品和服务。产品是指在市场上用货币表现的商品；服务不能在市场上买卖，但具有重要价值的生态系统的功能，如净化环境、保持水土、减轻灾害等。生态系统的服务价值远远超出了人们的直观理解。表土状况是生态系统服务功能状态的一种可观测的表象，它是人类活动等因素共同作用的结果。古巴比伦、古埃及、古印度和古希腊文明的兴盛无不与其所依托的优越的自然条件和生态系统服务为基础；而这些兴盛一时的灿烂古文明的衰落，又无不与人类不合理地利用和破坏生态系统（不合理的农田灌溉、无节制地砍伐森林、破坏牧场等）而导致表土的流失、生态系统服务功能的丧失有关。生态系统的服务功能事关人类及其文明的兴衰和发展。可见，生态系统服务的间接使用价值远远超过了其直接的使用价值。

五、现代生态学的发展与趋势

（一）现代生态学的发展

20世纪50年代以来，人类的经济和科学技术获得了史无前例的飞速发展，既给人类带来了进步和幸福，也带来了环境、人口、资源和全球变化等关系到人类自身生存的重大问题。在解决这些重大社会问题的过程中，生态学与其他学科相互渗透、相互促进，获得了重大的发展。

1. 整体观的发展

动植物生态学由分别单独发展走向统一，生态系统研究成为主流。

生态学不仅与生理学、遗传学、行为学、进化论等生物学各个分支领域相结合形成了一系列新的领域，并且与数学、地学、化学、物理学等自然科学相交叉，产生了许多边缘学科；甚至超越自然科学界限，与经济学、社会学、城市科学相结合，生态学成了自然科学和社会科学相连接的真正桥梁之一。

生态系统理论与农、林、牧、渔各业生产和环境保护和污染处理相结合，并发展为生态工程和生态系统工程。

生态学与系统分析或系统工程的相结合形成了系统生态学。

2. 生态学研究对象的多层次性更加明显

现代生态学研究对象向宏观和微观两极多层次发展，小至分子状态、细胞生态，大至景观生态、区域生态、生物圈或全球生态。虽然宏观仍是主流，但微观的成就同样重大而不可忽视。而在生态学建立时，其研究对象主要是有机体、种群、群落和生态系统几个宏观层次。

3. 生态学在理论、应用和研究方法方面获得了全面的发展

（1）理论方面的进展

①生理生态学研究在60年代IBP及随后的MAB计划的带动下，以生物量研究和产量生态学有关的光合生理生态研究、生物能量学研究较为突出。生理生态的研究也突破了个体生态学为主的范围，向群体生理生态学发展。在生理生态向宏观方向发展的同时，分子生物学、生物技术的兴起，促使其也向着细胞、分子水平发展，涉及某些酶系统，如核糖核酸酶活性的变化用作植物对干旱胁迫抗性的指标等。

②种群生态学发展迅速，动物种群生态学大致经历了以生命表方法、关键因子分析、种群系统模型、控制作用的信息处理等发展过程。植物种群生态学的兴起稍晚于动物种群生态学，它经历了种群统计学、图解模型、矩阵模型研究、生活史研究，以及植物间相互影响、植物－动物间相互作用研究的发展过程，近期还注重遗传分化、基因流的种群统计学意义、种群与植物

群落结构的关系等。

③群落生态学研究进入了新阶段。群落生态学由描述群落结构，发展到数量生态学，包括排序和数量分类，并进而探讨群落结构形成的机理。

④生态系统生态学在现在生态学中占据了突出地位，这是系统科学和计算机科学的发展给生态系统研究提供了一定的方法和思路，使其具备了处理复杂系统和大量数据的能力的必然结果。生态系统生态学在其发展过程中，也提出了许多新的概念，如有关结构的关键种（Keystone Species）、有关功能的功能团、体现能（Embodied Energy）、能质等，这些都有力地推动了当代生态学的发展。

（2）应用方面的进展

应用生态学的迅速发展是20世纪70年代以来的另一个趋势，它是联结生态学与各门类生物生产领域和人类生活环境与生活质量领域的桥梁和纽带。它的发展有两个趋势：

①经典的农、林、牧、渔各业的应用生态学由个体和种群的水平向群落和生态系统水平的深度发展，如对所经营管理的生物集群注重其种间结构配置、物流、能流的合理流通与转化，并研究人工群落和人工生态系统的设计、建造和优化管理等等。

②由于全球性污染和人对自然界的过度控制管理，人类正面临着食物保障减少、物种减少和生态系统多样性降低、能源紧张、工业及城市发展矛盾突出等方面的挑战，应用生态学的焦点已集中在全球可持续发展的战略战术方面。

（3）研究技术和方法上的进展

研究技术和方法上的进度主要有以下六大方面：

①遥感技术在生态学上已普遍应用。近20年来，遥感的范围和定量发生了巨大的变化，尤其是对全球性变化的评价，促使遥感技术去纪录细小比例尺的变化格局。

②用放射性同位素对古生物的过去保存时间进行绝对的测定，使地质时期的古气候及其生物群落得以重建，使得比较现存群落和化石群落成为

可能。

③现代分子技术使微生物生态学出现革命,并使遗传生态学获得了巨大的发展。

④在生态系统长期定位观测方面,自动记录和监测技术、可控环境技术已应用于实验生态,直观表达的计算机多媒体技术也获得较大发展。

⑤无论基础生态和应用生态,都特别强调以数学模型和数量分析方法作为其研究手段。

(二)生态学的未来发展趋势

1. 生态学的研究重点将发生变化和转移

在20世纪的大部分时间里,生态学家对自然的认识大都来自对地球上很少受到人类干扰的那些生态系统的研究。然而,最近的生态学研究倾向于把人类视为生态系统许多组成部分之一,人类不仅是生态系统服务的利用者,而且还是生态系统变化的动因。同时,人类反过来也受到生态系统这种变化的影响。为此,在生态学范畴里,对人类的思维将从强调人类是自然界的入侵者转变为强调人类是自然界的一部分,把研究的重点放在人类如何在一个可持续发展的自然界生存这个重大问题上。

2. 可持续发展是生态学研究的重点之一

在面临严峻的诸多问题的背景之下,人类最急迫的任务是寻找长久的可持续发展之路。生态学家肩负着在生态学研究、环境政策和决策之间进行沟通的重大使命。

3. 加强区域性和全球性合作

生态学家、企业界、政府机构和民间团体迫切需要在区域和国际层面上进一步合作,建立一个多样化的研究团队并使生态学研究国际化,生态学研究才能够脱胎换骨、更上一层楼。生态学研究的合作必须超越国界,毕竟,环境与可持续发展问题是国际性和跨学科的问题。

4. 介入人类发展决策的过程

生态学界认为,生态学要为科学决策提供生态学信息,没有生态学家参与制定的决策是令人担忧的。单纯的科学研究已经远远不能满足时代的要求，必须把生态学知识传递给政策制定者和公众，必须把科学研究转化为行动。

5. 推进创新性和预测性的生态学研究

开发和传播新的生态学知识对制定生物圈可持续发展方案具有重大意义。现代生态学的研究范围很广，包括从生态系统中有生命和无生命组分的分子生物学分析到全球的宏观研究等。尽管如此，生态学研究对自然的认识仍然落后于地球变化的幅度和速度。研究者们只有迅速把预测、创新、分析和跨学科的研究框架建立起来，才能够把影响生态功能的复杂关系了解清楚。

第二节 城乡生态与环境要素

一、气候

（一）概念

最初气候的概念是指某一地区某一时段大气的平均状况和极端天气现象的综合和异常；到现代气候的概念是指整个气候系统的全部组成部分，在某一特定时段的平均统计特征。

气候系统包括大气圈、水圈、岩石圈、冰雪圈和生物圈五个组成部分，每个组成部分都具有不同的物理性质。

（二）气候的基本要素

1. 温度

大气温度是大气气候层中气体的温度，简称"气温"，是描述气候的基本特征之一，其单位一般用摄氏度（℃）和绝对温标（K）表示。温度不仅在同一位置的不同高度不同，而且在不同的时间和空间上也不同。温度有日变化和季节变化等，如一天中早晨和晚上的温度低，中午的温度高；北半球夏季的温度高，冬季的温度低。

常见的比较温度的方法有月平均温度、年平均温度、温度年较差（一年中最高月平均温度与最低月平均温度的差值)。温度受海陆的热力差异、洋流、海拔高度、地理位置、云量和反照率的影响,具体原因如下:

(1)海陆对温度的影响是由于海洋和陆地紧挨在一起,在相同情况下,陆地的加热过程比海洋快、温度比海洋高;同样陆地冷却也比海洋快、温度会更低。因此,陆地上的气温变化率比海洋上的大得多。水体具有高度流动性,且能积累热量,水体冷却比较慢;陆地中热量只能由表面吸收,因而散热快。

(2)洋流对温度的影响是由于整个地球系统从太阳辐射中获得的能量与发射到外层空间的能量相等,从能量净收支方面来看,纬度比较低的地方获得能量,纬度比较高的地方失去能量。由于洋流的输送作用,低纬度地区越来越热、高纬度或极地地区越来越冷的情况才没有发生。

(3)海拔高度对温度的影响,经过众多学者的计算得出海拔每升高1km,温度下降6.5℃。高度不但会对温度有影响,也对大气压和大气密度有影响,高海拔地区的大气密度减小,导致大气吸收和反射的太阳辐射都很少。因此,随着海拔高度的升高,太阳辐射强度增加,导致白天迅速升温;反之,高海拔地区夜间的降温也迅速。

(4)地理位置对温度的影响表现在不同地理位置温度不同,或即使位置相同,盛行风向不同,温度也不同。盛行风向是由海洋吹向陆地的沿海地区,还是从陆地吹向海洋有显著的差别。与同纬度内陆地区相比,沿海地区受海洋的调节作用会"冬暖夏凉";但若没有海洋的调节作用,它的温度变化特征基本与内陆地区一样。

(5)云量和反射率不同温度不同,大部分云具有高反射率,能将部分的太阳辐射反射回地球外。白天,与无云的晴天相比,阴天时云减少了太阳辐射并使得白天温度偏低,云的反射率取决于云层的厚度;夜晚,云的作用与白天相反,云吸收地球向外辐射或者向地面辐射的热量,使得阴天的夜间降温不会像晴朗的夜间降温那么低。云的作用使得白天最高温度适度降低和夜间最低温度适度升高,从而使得日温差缩小4。

2.湿度

湿度是用来表示大气中水汽含量的一个重要指标,大气中含有的水汽含量及其发生的相变对气候影响很大。湿度的表示方法有很多,例如说混合比、比湿、绝对湿度、相对湿度、露点温度等。饱和水汽压是指空气中的水汽含量达到某一温度下空气所能容纳水汽的最大量,大量实验表明,饱和水汽压仅与温度有关,是温度的函数,随温度升高而增大。

3.气压

在大气层中的物体,都要受到空气分子撞击产生的压力,这个压力称为大气压强,简称为"气压"。也可以认为,大气压强是大气层中的物体受大气层自身重力产生的作用于单位面积物体上的压力。气压无时无刻不在变化,其变化有周期性的日变化和年变化,通常每天早晨气压上升,到下午气压下降;每年冬季气压最高,而夏季气压最低。当然气压的变化也有非周期性的变化,气压的非周期性变化常和大气环流以及天气系统的变化有很大的关系,而且变化的幅度很大,如在寒潮影响下,气压会很快升高,但冷空气一过气压又慢慢降低。

(三)气候变化的原因

气候变化是气候随着时间的变化而产生的任意变化(包括自然和人为因素等多个方面)。气候变化的原因有很多,主要有自然因素和人为因素两个方面:自然因素是指自然发展中遇到的因素,人为因素是指人类对自然界进行的改造。

引起气候变化的主要原因是温室效应。大气层具有允许太阳短波辐射透入大气低层,并阻止地面和低层大气长波辐射逸出大气层的作用。若大气中累积的温室气体过多,地表辐射出去的能量就被大气大量截留,使得大气的温度越来越高,这就像是玻璃温室一般。大量的温室气体的排放造成了温室效应,温室气体主要成分包括水蒸气、二氧化碳、甲烷、一氧化碳等。

(四)气候变化的影响

1.气候对全球的影响

全球变暖会使地表水分蒸发形成降雨,特别是雨季的时候由于这种作用可能会形成暴雨。全球气候变暖影响农作物的产量及畜牧业的生产、水资源供需和能源需求等；气候变暖会影响能源输送，破坏建筑物、城市基础设施，影响旅游业、建筑业等行业发展，降低人们生活环境质量；空气污染中的不利因素会加剧影响人类的身体健康。

2. 对我国的影响

近年来，我国极端天气频率和强度出现了明显变化，干旱、洪水、热浪、雪崩和风暴等出现的频率增加，常常造成规模性的破坏和伤亡。气候变化对我国各个地区的降水量都有影响，如近年来华北和东北地区干旱加重，长江中下游地区和东南地区洪涝加重。在全球变暖的大背景下，我国北方冬季的气温也呈现出了上升趋势，对农作物的影响比较大，使农作物产量的不稳定性增加，这会引起粮食减产、农业投资成本加大和土壤肥沃力下降等。气候变化还会影响植被覆盖率，使其逐渐降低，造成严重的土地沙漠化问题。

3. 对自然资源的影响

（1）对地形的影响

降水对地形的影响表现在：降水对地表的侵蚀作用、昼夜温差大对岩石的风化作用。主要是高寒地带，气候寒冷，冰蚀地貌广布；沙漠地带，降水稀少，温差大，风力作用强，风蚀地貌，沙漠广布；湿润地带降水较多，流水作用大，既有侵蚀作用形成的地貌（沟谷），又有沉积作用形成的地貌（三角洲、冲积平原）。

（2）对水文的影响

对水文的影响包括对河流特征、河流水系特征和沙漠地区水系的影响。

①对河流水文特征的影响主要体现在：河流流量和水位的季节变化（雨林气候和海洋性气候变化小；地中海气候的特点是冬季为汛期，夏季为枯水期；热带草原气候、季风气候、大陆性气候的特点是夏季为丰水期）；结冰期的长短；温带地区的河流可能出现结冰期（海洋性气候与大陆性气候不同）。

②对河流水系特征的影响主要体现在：降水量大的地区，河网密度较

大，河流的长度较长；降水量小的地区，河网密度较小，河流的长度较短。对湖泊的影响主要表现在：内流湖区为气候干旱，蒸发量大，水位较低，盐度较高；外流湖区为降水丰富，湖泊面积较大，多为淡水湖。

③对沙漠地区水的影响主要体现在：沙漠地区昼夜温差大，空气中的水汽凝结下渗地下而成地下水。沙漠地区气候干旱，若降水少、蒸发量大，地表水缺乏，沙漠地区的沙漠面积会呈现蔓延的趋势。

4.对城市的影响

城市气候的温度明显高于郊区，特别是在夏天，太阳辐射和热源增多又散发、扩散不出去的情况下尤为严重；由于人类的各种活动形成了区域小气候，区域气候特征尤为明显；快速的城镇化使城市中排放含硫的物质增多，部分地区形成酸雨，破坏土质；全球城市变暖带来了城市暴露度高、脆弱性强的特点。因此必须加大环境整治、增多城市绿地的面积、减少废弃物的排放，逐渐改善城市微气候的情况。

二、土壤

（一）概念

土壤是在地球表面生物、气候、母质、地形、时间等因素综合作用下所形成的能够生长植物、具有生态环境调控功能、处于永恒变化中的矿物质与有机质的疏松混合物。

土壤生态系统是指由于土壤、生物与周围环境相互作用，以物质流和能流相贯通的土壤环境的复合体，它具有一定的结构、功能与演变规律。在任何一个土壤环境复合体中，生物种群、数量、环境条件同土壤的相互作用，都可构成土壤生态系统的结构。特定的物质和能量的输入、输出与转化，水分与养分的吸收、循环及转化构成该系统的功能。主要分为：生命有机体部分，即植物和土壤微生物等；非生命无机环境部分，即太阳光、能、大气、母岩与母质、地表形态及土壤矿物质、水分和空气等。

（二）土壤分类

土壤分类是进行土壤调查、土地评价、土地利用规划的依据。土壤个体之间存在共性和个性，只有进行分类才能更好地辨别它们之间的联系或相互关系。

1. 土纲

土纲是对某些有共性的土类的归纳与概括。如铁铝土纲，是在湿热条件下，在富铁铝化过程中产生的黏土矿物以三、二氧化物和1∶1型高岭石为主的一类土壤，如砖红壤、赤红壤、红壤、黄壤等土类归集在一起，这些土类都发生过富铁铝化过程，只是表现程度不同。

2. 亚纲

亚纲在土纲范围内，根据土壤现实的水热条件划分，反映了控制现代成土过程的成土条件，对于植物生长和种植制度也起着控制性作用。如铁铝土纲分成湿热铁铝土亚纲和湿暖铁铝土亚纲，两者的差别在于热量条件。

3. 土类

土类是高级分类中的基本分类单元。基本分类单元的意思是，即使归纳土类的更高级分类单元可以变化，但土类的划分依据和定义一般不改变，土类是相对稳定的。划分土类时，强调成土条件、成土过程和土壤属性的三者统一；认为土类之间的差别，无论在成土条件、成土过程方面，还是在土壤性质方面，都具有质的差别。

4. 亚类

亚类是在同一土类范围内的划分。一个土类中有代表土类概念的典型亚类，即它是在定义土类的特定成土条件和主导成土过程下产生的最典型的土壤；也有表示一个土类向另一个土类过渡的过渡亚类，它是根据主导成土过程以外的附加成土过程来划分的。如黑土的主导成土过程是腐殖质积聚，典型概念的亚类是（典型）黑土；而当地势平坦，地下水参与成土过程，这是附加的或称次要的成土过程，根据它划分出来的草甸黑土就是黑土向草甸土过渡的过渡亚类。

（三）土壤的功能

1. 调节功能

调节功能指土壤作为自然界组成部分，与其他环境因素的交互过程中所发挥的功能。包括水分循环功能，即土壤在水循环中，对水分渗透与保持的数量与质量；养分循环功能，即在养分循环中，对植物营养的供给能力；碳存储功能，即在碳循环中，土壤对有机碳和无机碳的存储功能，尤其是对有机碳的存储功能；缓冲过滤功能，即土壤对重金属的缓冲过滤功能；分解转化功能，即土壤对有机污染物的分解转化功能。

2. 动植物栖息地功能

动植物栖息地功能以保护稀有动植物为目的，确保土壤能够为植物和动物提供栖息场所，土壤对于保护和提高生物多样性具有重要作用。

3. 作物生产功能

作物生产功能是土壤被人类最早认识的功能之一，包括农业、林业生产和粮食作物和经济作物生产。土壤可以固定植物根系，具有自然肥力，能够促进作物生长，方便人类进行农业生产。

4. 人居环境功能

人居环境功能指土壤作为人类生活和居住的环境，有提供建筑、休闲娱乐场所，维护人类健康发展的功能。健康良好的土壤在提升城市环境质量中发挥着重要的作用，但这一作用往往被忽视。土壤能够增加空气的湿度同时可以明显减少灰尘的数量，包括空气中的微小尘埃。植物可以过滤空气中的尘埃，当尘埃进入土壤，会被分解和矿化。若土壤被封闭，则失去了相应的功能。土壤作为人类的居住环境，与人类生活息息相关，其污染与否直接关系着人类的健康。

5. 自然文化历史档案功能

自然文化历史档案功能指土壤有作为历史档案记录自然变化和人文历史的功能。在自然历史方面，主要考虑是否有反映古气候古地貌变化的稀有独特土壤；在历史文化方面，主要考虑土壤是否具有人文历史遗迹，如土壤是否含有代表历史的工艺品，是否有受人为影响的底土层（有城市发展的历史遗迹）等。这些历史信息有利于了解过去、理解现在和预测未来。

6. 原材料供给功能

原材料供给功能指土壤具有供给黏土、沙石、矿物的功能，例如，黏土含量较高的土壤可以用来制陶，而土壤中的砂石可以用来建筑，但此功能是不可持续的。

（四）土壤污染的影响

土壤污染是指人类活动的污染物进入土壤，产生土壤环境质量现存或潜在的恶化，对生物、水体、空气和人体健康产生危害或可能有危害的现象。

1. 土壤污染的特点

（1）土壤污染具有隐蔽性和滞后性。大气污染、水资源污染一般都比较直观地反映出来，而土壤污染基本上通过感官不会被发现，它往往要通过对土壤样品进行分析化验和农作物的残留检测，或者通过观察人类和动植物的健康状况来确定。土壤污染可能会积累很长时间才会显现出来，短期内不容易被发现。

（2）土壤污染具有累积性和地域性。污染物质不像在大气和水体中那样容易扩散和挥发，而是在土壤内部不断累积。

（3）土壤污染具有不可逆转性和长期性。重金属对土壤的污染基本上是一个不可逆转的过程，许多有机化学物质的污染也需要较长的时间才能被降解，污染一旦发生，如果仅切断传染源很难阻止污染的扩散，即使经过长期的自然作用也很难回到污染前的水平。

（4）土壤污染具有难治理性。土壤污染中的难降解污染物很难靠稀释作用和自净化作用来消除。土壤污染一旦发生，必须采取有效的技术才能恢复，有时要通过换土、淋洗土壤等方法才能解决问题，其治理技术可能见效较慢。

2. 土壤污染的危害

（1）土壤污染导致植物的质量下降，对食品安全有影响。我国大多数城镇的土壤环境都受到了不同程度的污染，造成了许多地方粮食、蔬菜、水果等食物中铬、砷、铅等重金属含量严重超标。

（2）土壤污染对人体健康水平有影响。土壤污染会使污染物在植物内积累，并通过食物链富集到人体和动物体中，危害人类和动物的健康，引发许多不常见或难以治愈的疾病。

（3）土壤污染对其他环境因素有影响。土地受到污染后，浓度较高的污染表土容易在风力和水力的作用下分别进入到大气和水体中，导致大气污染、地表水污染（如水体富营养化等）、地下水污染和生态系统退化等其他次生生态环境问题。事实越来越表明，没有清洁的土壤，也就不可能有干净的食品、水质和空气。

三、水文

（一）概念

水文学是研究存在于地球大气层中和地球表面以及地壳内水的各种现象的发生和发展规律及其内在联系的学科，包括各种水体的存在、运动、循环和分布，水体的物理、化学性质，以及水体与环境（包括与生物，特别是人类）的相互作用和影响，是关于地球上水的起源、存在、分布、循环、运动等变化规律，以及运用这些规律为人类服务的知识体系。

（二）特征

1. 水文的综合性

一方面是地区空间和时间尺度都很小，其水文要素的响应过程十分敏感；另一方面是生态环境的改变十分显著。在研究水文过程中，必须打破水文工作中一些传统的分界线，如水量和水质、地表水文和地下水文、市区水文和流域水文等的分科界限。水文工作往往把这些内容综合在一起，很难划分。水文观测和实验的站网布设、测验手段、仪器设备、测验方法等，都必须充分考虑上述各方面的要求，这就是水文的综合特性。

2. 水文的动态性

城市人口和物质的高度集中，近年来科学技术高度发展，相关学者监测到水环境发生了异常迅速的变化。一个自然流域的演变是缓慢的，一般以地质年代为长度，可将其水文过程作为"准平稳过程"来研究，在解决各种实际问题时都是针对某一稳定的水平进行研究，并认为整个环境处在相对平衡状态。而城乡发展是一个不断发展的过程，水和环境都处在"动态"之中，分析研究城区的径流量、水质及雨洪径流过程都要考虑这种动态过程。城市与乡村相比，城市降雨具有滞后时间短、峰值高、沉降快、基流低等特征。

3. 我国的水文特征

我国水资源匮乏，地区分布极不均衡，年内年际变化大。我国水资源总量并不少，但全国亩均水量约为1800m3，是世界平均数的3/4；人均占有量2630m3，仅为世界人均数的1/4，水资源与人口、耕地分布极不均衡。水资源在年内和年际分布不均，年际上存在连续枯水年和连续丰水年，年内分布则呈现的是夏季和秋季降雨较多，冬季和春季降雨较少的态势。水资源在空间上分布也不均，南部地区和东部地区较多，而北部地区和西部地区较少。每天约有1亿吨水通过水循环的蒸发作用从海洋表面蒸发使地球表面的水资源有所减少。

（三）水文问题的影响

1. 人口集中的地区，水资源贫乏问题日益严重

随着城镇化速度的加快，用水量将大幅度增加，而且，城镇废水及排污量增加，水污染加重了供水矛盾，污染导致了水质变坏，使得城镇中可供人民使用的淡水资源越来越少。

2. 全世界用水情况将迅速增加

世界各地用水量差别很大，发达国家工业用水占40%以上，而发展中国家仅占10%左右。在发展中国家里，随着工业生产的增长，其用水量不断增加，市民生活用水（包括饮用水、家用水、卫生用水）随着生活水平的提高也将迅速增加。

3. 中国用水成倍增长

城市生活用水和工业及农业用水量成倍增长，缺水已成为当前影响经济发展和人民生活的突出问题。特别是北方一些城市，如北京、天津、青岛、大连等城市，水荒已限制了城市发展，其他中小城市也都或多或少的出现供水问题。甚至一些邻近大江河、水源充沛的上海、广州、温州等城市也因水污染而相继出现水源危机。为了保证城乡居民的正常生产和生活，不得不采取一些措施，如修建一些蓄水工程、引水工程等。

4. 城镇防洪问题将更加突出

城镇的防洪排涝体系建设与管理过程中，普遍存在着地表径流不正确引导、排水疏导设施老化失修、排水管网系统规划不合理、排水管道设计规格偏低、防洪细节设计不完善等问题，给城市防洪造成困境。

（1）不断完善城镇洪涝管理机制

有效提升城镇防洪抗涝能力的根本举措在于完善防洪抗涝相关管理机制，在各项工作中统筹协调城镇管理与建设、水文水利、市政等多个政府部门，加强信息沟通与交流合作，明确各职能机构的管理内容与责权，并不定期举行联合演习，确保应对城镇洪涝灾害的处理能力。高效的城镇防洪抗涝应从两方面着手：一方面，要加快建立城镇监测预警信息管理平台，促进各职能部门对灾害天气预警信息整合与交流，实现高效化的多部门数据共享；另一方面，城镇应对灾情的联合应急处理能力也应有效提升，并积极利用共享的信息平台，实现相关数据信息的有效化利用。例如，在相关气象与水文数据达到警戒水平时，气象部门及时发布灾情预警信息，市政、城市建设与管理以及水利部门依据实际的灾害情况制定科学化、合理化的应急处理方案，强化对重点区域进行的监测并及时更新相关数据，针对城镇内高危险性区域进行快速的人员疏散与财产转移，将灾害性天气对城市损失降到最小。此外，优化城镇的排水管道是提高城镇防洪能力的重要基础保障。

（2）增强防洪意识

首先，应该逐步完善有关防洪排涝的立法工作，依照有关法律法规进行防洪排涝，加强群众的防洪排涝意识。对此，可以开展居民的相关知识的普及教育，树立防洪自救意识。同时，一些有条件的高校等可以对防洪相关的课题进行研究，全方位地提高城市的防洪救灾水平。

（3）对城镇防洪排涝加大资金投入，科学、合理地配置相关设施

城镇防洪排涝工作有很多环节，其中相应的基础设施是重要的组成部分。各大城市必须确保当地的防洪排涝有关基础设施和城镇的整体规划相配套，因此要将大量的资金投入其中，在确保防洪排涝系统的基础措施配置合理的同时，还要加强其防洪排涝工程配置。为了科学应对暴雨洪涝灾害，还

要依据当地的防洪计划与实际防洪情况来进行可行性防洪预案的制定。

四、生物

(一) 概念

生物包括城乡动物、植物、微生物等。城乡动物指栖息和生存在城市或者乡村地区的动物,大多是原地区残存下的野生动物,或是从外部迁徙进入城乡的野生动物,或是通过人工驯养和引进的动物。因此,可以称栖息和生存在城市和乡村地区的动物为城乡动物;而把与人类共同在城乡环境中生存而不依赖人类喂养、自己觅食的动物称为城乡野生动物。城乡野生动物含原地区残存下来的野生动物和从外部迁徙进入城市或者乡村的野生动物。城市化的进程改变了城市环境,也改变了城市动物的生境。特别是人类对自然资源的不合理开发和利用,工业化快速发展带来的环境污染问题使城乡动物区系有意识或无意识地发生了变化。人类与生物相互作用的机制受人类影响比较大。

(二) 生物面临的危害

1. 多样性下降

排除人类圈养的野生动物,生态系统中的动物的种类与城镇中人造物程度呈负相关性。人为大肆引入外来动植物会造成物种入侵,对该区域的生态系统的稳定性带来了极大的威胁,生物的多样性受到严重的影响。栖息地的破坏、隔离效应、食源的短缺等原因会导致一些本地物种消失,生物多样性受人类活动影响较大。人口增加,技术使用增加,经济活动增加,社会、政治和文化因素是造成生物多样性下降的间接原因;过度开采、土地使用改变、侵入性物种增多、气候变化、污染是造成生物多样性下降的直接原因。间接原因和直接原因相互作用使生物种类越来越少。

2. 结构简化和功能退化

随着城镇化的快速发展,生物的特征主要体现为结构逐渐简单化、稳定性下降。主要包括两方面的原因:一方面,城镇高度化的环境由于隔离效应导致了一些动物的迁徙、繁殖等活动受阻,以及导致一些植物的传粉、种子传播受限，使一些物种在城镇区域内逐渐消失；另一方面，外来物种的入侵侵占了本土物种的生态位，进一步改变了城镇的物种结构。城镇植物群落受人为影响较大，群落结构相对简单，具有较高同质性，常具有相似的植物群落等特征。

(三) 生物多样性保护

城乡规划时应注重生物多样性的合理规划，生物多样性的保护离不开科学合理的规划设计。在宏观尺度下，从城镇整体空间格局出发统筹规划，有利于构建起生物多样性的空间结构基础。同时，城镇生态空间的规划还须与更大尺度的区域生态安全格局相融合和衔接。在城镇化过程中，无序扩张蔓延的城乡建设用地不断侵占生态空间，对城镇生物多样性保护及可持续发展均会造成严重威胁。编制城市国土空间规划，科学划定城镇的"三区三线"，限制无序城镇化、预留和保护城镇生态空间是从宏观尺度保护城镇生物多样性的重要举措。

保护生物多样性的最有效途径是就地保护，主要方式是建立自然保护区、建设物种资源库。此外，可在不影响生物物种种群及其自然栖息地的情况下，对一些受外在因素影响的重要物种以及一些重点保护物种和具有重要经济、文化、科研价值的物种采取措施，如进行迁地保护，建立和完善珍稀濒危动植物迁地保护网络，保护生物资源。

动物园和水族馆建设是保护野生动物的一个重要方法，须做好布局合理性、资源和技术力量的匹配论证。动物园等应加强环境建设，创造良好的动物栖息环境和人类游览环境，加强技术队伍建设，搞好科普教育工作。从全国范围内做好饲养动物谱系管理，确定饲养繁育的重点保护动物，全国协作攻关，使动物园成为移地保护野生动物的基地。

第三节　城乡生态环境建设规划

一、城乡生态环境相关概念

（一）城市生态学与乡村生态学

1. 城市生态学

城市生态学由芝加哥学派的创始人罗伯特·埃兹拉·帕克（Robert Ezra Park）提出。芝加哥学派是以美国芝加哥大学社会学系为代表的人类生态学及其城市生态学术思想的统称。兴盛于1920～1930年代，开创了城市生态学研究的先河，其代表人物有伯吉斯（E. W. Buurgess）、麦肯齐（R. D. Mckenzie）等。他们以城市为研究对象，以社会调查及文献分析为主要方法，以社区及自然生态学中的群落、邻里为研究单元，研究城市的集聚、分散、入侵、分隔及演替过程，城市的竞争、共生现象、空间分布格局、社会结构和调控机理；运用系统的观点将城市视为一个有机体，一种复杂的人类社会分子，认为它是人与自然、人与人相互作用的产物，其最终产物表现为它所培养出的各种新型人格。

2. 乡村生态学

乡村生态学作为学术词汇第一次出现在1977年，直到1979年才作为乡村社会学一个研究方向或研究领域而被提出。乡村生态学不同于农业生态学，后者是根据生态学原理，研究农业生产的最优生态过程和最佳生态组合，而乡村生态学是针对"村落"这一具有生命特征的景观单元，研究其自身发展变化与环境的相互关系。由此可见，周道玮等提出的乡村生态学实际上是村落生态学，对应的英文是"Village Ecology"。

乡村生态学可定义为在综合生态学理论和系统思维方法下对乡村生态系统结构和功能的探索，或对受到社会经济、文化综合因素影响下的乡村农业景观研究的学科。

(二) 环境与城乡环境

1. 环境

一般来说,"环境"是相对某一中心事物而言的,即围绕某一中心事物的外部空间、条件和状况,以及对中心事物可能产生各种影响的因素。换言之,环境是相对于中心事物而言的背景,或与某一中心事物有关的周围事物。在环境科学中,环境的含义是指围绕着人群的空间,包含直接或者间接影响人类生存和发展的各种因素和条件。

环境是指以人类为主体的外部世界,主要是地球表面与人类发生相互作用的自然要素及其总体。它是人类生存发展的基础,也是人类开发利用的对象。环境是指影响人类生存和发展的各种天然的和经过人工改造的自然因素的总和,包括大气、水、海洋、土地、矿藏、森林、草原、野生生物、自然遗迹、人文遗迹、自然保护区、风景名胜区、城市和乡村等。

2. 城乡环境

城乡环境包括城市环境和乡村环境。城乡环境是指影响城乡人类活动的各种自然的或人工的外部条件。狭义的城乡环境主要指物理环境,广义的城乡环境除了物理环境还包括社会环境、经济环境以及景观环境。物理环境包括自然环境、人工环境。城乡自然环境是构成城乡环境的基础;城乡人工环境是实现城市各种功能所必需的物质基础设施;城乡社会环境体现了城市与乡村及其他聚居形式的人类聚居区域在满足人类在城市中各类活动方面所提供的条件;城乡经济环境是城乡生产功能的集中体现,反映了城乡经济发展的条件和潜力;城乡景观环境则是城乡形象、气质和韵味的外在表现和反映。

(三) 城乡生态环境

生态环境的含义从各个学科来分析是有差异的。地理学认为,生态环境指的是环境;生态学认为,生态环境是各种影响植物、动物等生长的因素的综合体;环境学认为,生态环境是一个自然系统,涵盖了各种自然资源、矿产资源等多样化的要素。一般来讲,人们所理解的生态环境不仅指各种各样的自然资源,还涵盖资源开发、环境保护的状况,生态环境与人类社会的健康发展是有密切联系的。

自然资源、环境条件等要素共同组成了生态环境。按照城乡区域划分，生态环境是由城市生态环境与农村生态环境两部分组成的，其中，城市生态环境是指城区的自然生态因素，对城市居民的生活有直接的影响；农村生态环境则是指农村地区的自然生态因素。

城乡生态环境是生态环境的局地化和地域化，城乡生态环境在人居系统演进的漫长过程中与人类互相影响、互相作用，对城乡人居系统的整体状态和未来走向具有基础性的决定意义。

（四）城乡生态环境一体化

我国城乡生态环境存在着明显的二元化倾向。所谓城乡生态环境二元化指城、乡在生态环境的结构、功能、质量等方面的不平衡状态及发展趋势。城乡一体化是中国现代化和城市化发展的一个新阶段。城乡一体化就是要把工业与农业、城市与乡村、城镇居民与农村村民作为一个整体，统筹谋划、综合研究，通过体制改革和政策调整，促进城乡在规划建设、产业发展、市场信息、政策措施、生态环境保护、社会事业发展上的一体化，改变长期形成的城乡二元经济结构，实现城乡在政策上的平等、产业发展上的互补、国民待遇上的一致，让农民享受到与城镇居民同样的文明和实惠，使整个城乡经济社会全面、协调、可持续发展。城乡一体化是随着生产力的发展而促进城乡居民生产方式、生活方式和居住方式变化的过程，使城乡人口、技术、资本、资源等要素相互融合，互为资源、互为市场、互相服务，逐步达到城乡之间在经济、社会、文化、生态、空间、政策（制度）上协调发展的过程。

二、城市生态环境特征

（一）城市生态环境的内涵

1. 城市生态系统

城市是以人为主体的环境系统，是物质和能量高度集中和快速运转的地域，是人口、设施、科技文化高度集中的场所。从生态学的角度，城市是经过人类创造性劳动加工而拥有更高价值的人类物质、精神环境和财富，是更符合人类自身需要的社会活动的载体场所，是一个以人类占绝对优势的新型生态系统。

城市生态系统（Urban Ecosystem）指的是城市空间范围内，居民与自然环境系统和人工建造的社会环境系统相互作用而形成的统一体，属人工生态系统。1971年联合国教科文组织在研究城市生态系统的人与生物圈计划（MAB）中，从生态学角度研究城市人居环境，将城市作为一个生态系统来研究，把城市生态定义为：凡拥有10万或10万以上人口，从事非农业劳动人口占65%以上，其工商业、行政、文化娱乐、居住等建筑物占50%以上面积，具有发达的交通线网，这样一个人类聚居区的复杂生态系统，称为城市生态系统。

2. 城市生态环境

城市生态环境是聚居的人类为了生存而不断改造和利用自然环境创造出来的高度人工化环境，是一个由自然环境、社会环境和经济环境共同组成的地域综合体。城市生态环境是在自然环境的基础上，按人的意志，经过加工改造形成的适于人类生存和发展的人工环境，是人类这一特定的生物体在城市这一特定空间的各种生态条件的总和。城市生态环境既不完全是自然环境，也不完全是社会环境，它的演化规律既遵循自然发展规律，也遵循社会发展规律。城市生态环境是以人群为主体的城市生命的生存环境，是一个既包括自然生态条件，又包括社会、经济、技术等条件的一个广泛的范畴，是城市居民从事社会经济活动的基础，是城市形成和持续发展的必要条件。城市生态环境具有有限性、依赖性、整体性的特点。

（二）城市生态环境系统的构成

城市生态环境系统指的是城市空间范围内的居民与自然环境系统和人工建造的社会环境系统相互作用而形成的统一体，它是以人为中心的、开放性的人工生态系统，包括生物因素、非生物因素，拥有可数量化的能流物流。在城市生态环境系统中以人为主体的生物群体与城市环境密切联系，彼此之间相互影响、适应、制约。在城市发展初期，城市生态系统一般是平衡的，但是在城市成长过程中，伴随人口不断增加与集聚，城市生态环境系统的负荷不断加重，超过当时的经济发展水平和环境负荷时，平衡就会出现失调，城市生态环境退化后再对其恢复的难度就会加大，时间也会变长。尤其是近代工业革命以来，随着人类开发、利用自然的能力大大增强，人类从自然界提取的物质和向自然界排放的物质的数量均在逐年增多。这些释放出的物质中大都没有进行回收再利用和必要的处理而直接排入环境，造成了环境污染，削弱了城市生态系统的调节功能，破坏了城市生态环境系统。

城市中进行物质、能量流动的因素，通过生命代谢作用、投入产出链、生产消费链进行物质交换、能量流动、信息传递而发生相互作用、相互制约，构成具有一定结构和功能的有机联系的整体。作为人类改造和适应自然环境基础上建立的人工生态系统，城市生态环境系统是一个自然、经济、社会复合的生态系统。城市生态环境系统关注的问题主要有城市生态环境基础状况（水系、绿化、道路广场、建筑等），城市环境污染（大气污染、水污染、固体污染、声光污染等），以及城市气候（热岛现象等）三部分。

（三）城市生态环境系统的功能

1. 生产功能

城市生态环境系统的生产功能是指城市生态环境利用城市内外系统提供的物质和能量等资源，生产出产品的能力，包括生物生产和非生物生产。生态系统中的生物，不断地把环境中的物质能量吸收，转化成新的物质能量形式，从而实现物质和能量的积累，保证生命的延续和增长，这个过程称为生物生产。生物生产包括初级生产和次级生产。生态系统的初级生产实质上是一个能量转化和物质的积累过程，是绿色植物的光合作用过程。次级生产是指消费者或分解者对初级生产者生产的有机物以及贮存在其中的能量进行再生产和再利用的过程。城市生态系统具有利用城市内外环境所提供的自然资源及其他资源来生产出各类"产品"的能力，为社会提供丰富的物质和信息产品。

2. 生活功能

良好的城市生态环境作为一种公共产品，是全体城市居民的共同利益需求。生态环境良好的区域，能保证城市水、优质空气的供给，能够使城市居住环境的舒适度提高，为城市居民提供方便的生活条件和舒适的栖息环境，从而起到吸引人口、加速城市化的作用。而城市生态环境恶化会提高城市居民的生活成本，影响居民健康。日益严重的环境污染、生态破坏将严重破坏城市居民的生存环境，降低居民生活质量，威胁他们的身体健康甚至生存。伴随对环境污染危害的了解及生活水平的提高，人们不再满足于基本的温饱生活，而对生活质量、身心健康的期望日益增强，对所处城市生态环境系统的要求也更高。

3. 能量流动功能

城市生态环境是一个开放性的系统，与城市以外的周边环境系统进行着广泛的人流、物流和能流交换。能量流动指生态系统中能量输入、传递、转化和丧失的过程。能量流动是生态系统的重要功能，在生态系统中，生物与环境、生物与生物之间的密切联系，可以通过能量流动来实现。城市生态环境系统作用的发挥是靠连续的物流、能量流等来维持的，任何阻碍能量流动的行为、因素都将影响整个系统的正常运转和发展。城市生态系统是开放性非自律的，是一个"不独立和不完善的生态系统"，城市正常运行需要从外界输入大量的物流和能流，同时需要向外界输出产品和排放大量废物。

4. 还原净化和资源再生功能

环境的价值之一是对生产过程造成的污染进行消纳、降解、净化。在正常情况下，受污染的环境经过环境中自然发生的一系列物理、化学、生物和生化过程，在一定的时间范围内都能自动恢复到原状，称为自然净化功能。城市生态环境系统不但提供自然物质来源，而且能在一定限度内接纳、吸收、转化人类活动。但排放到城市环境中的有毒、有害物质被自然净化有一定限度，当超过这一限度时，就打破了城市生态系统的平衡，危害城市的生态环境。消除环境污染既需要自然净化，更需要人工调节。还原功能主要依靠区域自然生态系统中的还原者和各类人工设施，为城市自然资源的永续利用和社会、经济、环境协调发展提供保证。城市的自然净化功能是脆弱而有限的,多数还原功能要靠人类通过绿地系统规划与建设、"三废"防治与控制、工业合理布局、设备更新改造等途径去创造和调节。

5. 信息传递功能

在城市生态环境系统的各组成部分之间及各组成部分的内部,存在着广泛的、各种形式的信息交流,这些信息把生态系统联系成为一个统一的整体。生态系统中的信息形式主要有营养信息、化学信息、物理信息和行为信息。营养状况和环境中食物的改变会引起生物在生理、生化和行为上的变化,这种变化所产生的信息称为营养信息,如被捕食者的体重、肥瘦、数量等是捕食者的取食依据。生物在生命活动过程中,还产生一些可以传递信息的化学物质,诸如植物的生物碱、有机酸等代谢产物和动物的性外激素等。生态系统中的光、声、湿度、温度、磁力等这些通过物理过程传递的信息,称为物理信息,物理信息的来源可以是无机环境,也可以是生物。动植物的许多特殊行为都可以传递某种信息,这种行为通常被称为行为信息,例如,蜜蜂的舞蹈行为就是一种行为信息。

三、乡村生态环境特征

(一) 乡村生态环境的内涵与特点

乡村生态环境是指以农村居民为中心的乡村区域范围内的生态环境,是由部分自然生态环境、农业环境和村镇生态环境组成。根据其生态环境属性可划分为资源环境、生产环境和生活环境,三者相互联系、相互影响。资源环境为人类的生产、生活提供自然资源,满足人们的生活需求,反过来人们的生产、生活活动产生的污染也会影响自然环境。

乡村生态环境的构成复杂,其系统内部组成要素和外部因子之间相互联系,相互影响,具有如下特点:第一,农村生态环境具有显著的农业特征,农村以农业为主体,形成自然与人工相结合的农业生产系统;第二,农村地域辽阔,人口居住分散,村镇分布、社会结构、经营形式等表现出多样性、自立性、灵活性等明显的社会属性;第三,农村生态环境受自然条件和经济条件的影响，存在明显的地域性和不平衡性。

（二）乡村生态环境存在的问题

1. 土壤污染

土壤污染主要表现为氮、磷肥过剩，有机肥、微量元素缺少；其次，塑料薄膜、购物袋等难降解白色垃圾及废电池等有毒固废随意丢弃对土地也产生了较大危害。土壤污染呈现出多源、复合、量大、面广、持久、有毒的现代环境污染特征，正从常量污染转向微量持久性毒害污染，在经济快速发展地区尤其如此。

2. 农村生活垃圾污染

由于基础设施及管理体制落后，农村生活垃圾污染物一般直接排入周边环境中，造成严重的"脏乱差"现象；缺少垃圾收集系统或装置，随意堆积垃圾于房前屋后；绝大多数农村厕所简易，无化粪池，卫生状况不佳，易生蚊蝇；兽禽多以散养为主，兽禽粪便未经处理，一部分流失于环境中。随着城镇化的加快推进，一些过去只是在城市出现的生活垃圾也成为农村垃圾的主要组成部分，不可降解垃圾占比迅速增加。农村垃圾大都集中露天堆放，造成恶臭熏天、蚊蝇乱飞的"垃圾山"。

3. 农村地表水污染

受生活污水、生活垃圾、兽禽养殖和农田径流以及乡镇企业等方面的污染，农村地区的水体污染十分严重，农村地表水大都呈恶化趋势，不能作为农村饮用水源。以打井方式使用浅层地下水作为饮用水源较为普遍，由于受地表水水质的影响，浅层地下水水质不佳，简易自来水又基本无消毒处理，直接威胁着农民的饮水安全。

4. 乡镇工业污染

随着农村现代化、城镇化进程的加快，农村中的乡镇企业越来越多，加之产业梯级转移和农村生产力布局调整的加速，越来越多的开发区、工业园区特别是化工园区在农村地区悄然兴起，造成城镇工业污染向农村地区转移的趋势进一步加剧。这些企业不仅占用和毁坏了大量农田，还污染了大量农田。

5. 生态破坏和生态退化

在许多农村地区，由于人们长期对林木的乱砍滥伐导致植被破坏，环境自净能力降低，水土流失，河道、沟渠淤塞，水旱灾害频发；乱采滥挖破坏了当地的生态，泥石流、塌方、地陷频发，严重影响当地人民的生命安全；过度放牧、过度开发导致沙漠化，草地荒漠化、盐碱化进一步加剧。各种污染的蔓延，使当地农村的生态环境问题不断加重，已成为环境问题的重灾区。如果继续忽视这些问题，必将影响农村的可持续发展和农村的稳定。

四、城乡生态环境一体化

（一）城乡生态环境一体化的内涵

城乡生态环境一体化实际上是把城乡生态环境系统视为一个整体，从系统的角度来统筹生态环境的建设和发展，是在推动区域经济可持续发展、促使城乡经济社会与环境建设结合起来的背景下提出的。城乡生态环境一体化的内涵可理解为：站在区域均衡发展的角度，把城市和农村看作一个整体，全面考虑城乡发展过程中的环境建设问题，在治理过程中保留城乡生态环境的原貌，确保城市与农村生态系统能够顺畅地联系起来，将城市环境与农村的原生态有机结合，加快构建新的城乡发展格局。

（二）城乡生态环境一体化的原则

城乡生态环境建设须遵循以下三条基本原则：公平性原则，城乡生态融合发展、相互合作原则，生态环境保护与经济社会发展相协调原则。

1. 公平性原则

城乡生态环境建设的公平性原则主要体现在三个方面：政策制定的公平性、资源配置的公平性以及城乡居民环境权利的公平性。其中，政策制定的公平性是指政府在进行城乡生态环境规划和建设过程中，制定的政策应该基于城乡发展的实际情况，政策制定不偏向于城市地区，要给予农村建设同等的重视程度和政策支持。资源配置的公平性是配给城市和农村。城乡居民环境权利的公平性是指无论是城市居民还是农村居民，都应拥有同等的生存权和对环境资源的支配权。城乡生态环境建设公平性原则的本质是运用生态系统连接城市居民与农村居民、城市地区与农村地区，不能只考虑城市环境而不管农村地区，应该持有共同发展的理念，在生态环境建设过程中给予城市和农村同等待遇，从而推进美丽城市与美丽乡村建设一体化。

2. 城乡生态融合发展、相互合作原则

城乡生态融合发展是城市与农村地区基于生态补偿机制而形成的一种生态环境发展状态，是以不破坏城乡生态平衡为前提，尊重自然、保护自然，并且采取科学合理的措施进行城乡生态合作，进而能够获取城乡所需的正当利益。快节奏的城市在加强自身经济建设的同时，不能过度开发利用自然资源，应该注重城区生态环境的保护，要保存一定的生态绿地以增强环境承载能力；慢节奏的农村地区在发展乡镇企业的同时，更应保护好本地区优良的自然生态环境。在城乡一体化进程中，城市和农村都要注重自然资源与环境承载力的关系，实现城乡生态融合发展，协调人和自然的关系。

3. 生态环境保护与经济社会发展相协调原则

城乡一体化涉及多个方面，经济发展一体化是其中重要的内容，而生态环境的一体化能为经济发展一体化提供重要的生态保障。在推进经济社会发展的同时，必须把生态环境的保护工作协调进行。如果不考虑环境，而盲目地进行经济扩张，会导致经济发展的不可持续性甚至最终衰败。因此，首先要提高城乡居民的环保意识，在经济活动中时刻不忘环境保护；其次，一旦所开展的经济活动对环境产生负面影响，要负责任地采取相应的措施进行污染治理；再次，城乡要充分利用自然资源及社会资源，提高资源配置的效率；最后，在规划城乡经济布局时，要将经济活动的环境成本考虑在内，加强对生态环境的优化，使生态系统更加稳固。

（三）城乡生态环境一体化的具体内容及特征

城乡生态环境一体化包括城市和农村的生态环境建设两部分。城市生态环境建设涵盖合理规划和布局城区生态环境以及对城市生活垃圾、工业废水废气、交通尾气污染等污染物的处理。农村生态环境建设一方面要关注农村土地、森林、农产品种植等对生态平衡的保持；另一方面，城乡生态环境负担转移问题是需要引起关注的另一重点。城市人口数量会随着城市化水平的提高而不断增加，为满足庞大人口的生活资料、能源消耗等需要，城市会扩大对农产品的需求，进而加大对自然资源的开发，使农村生态环境压力变大；城市随着规模的扩张而加大土地需求，不可避免要获取农村的土地资源，间接地增加了生态环境的负荷。同时，城市不断向农村转移大量生产生活垃圾，甚至把许多重污染的企业转移到农村，制约了农村生态环境建设的步伐，这对农村生态系统是十分有害的。因此，只有解决好城乡生态环境负担转移问题才能真正实现城乡生态环境一体化。

五、城乡规划与城乡生态环境

（一）城乡规划与生态环境建设

广义地说，城乡规划建设就是城乡规划管理者通过城乡总体规划和详细规划动用行政、经济和法律的手段，调动城乡的各种资源，去实现一定时期内城乡的经济和社会发展目标。狭义地说，城乡规划建设指组织编制和审批城乡规划，并依法对城乡土地的使用和各项建设的安排实施控制、引导和监督的行政管理活动。

城乡生态环境是城乡规划的前提和对象，城乡规划的对象是城乡规划区内的土地利用和各项生产建设活动，它们都是城乡生态环境的组成要素。自然、人口、社会环境是城乡规划的物质基础。城乡生态环境的特点决定了规划管理的方向、方式、方法和效果。城乡规划的目标之一是提高城乡生态环境质量，就是从城乡的整体和长远利益出发，合理有序地配置城乡有限的空间、环境资源，实现城乡经济、社会、环境三个效益的协调发展。从古到今在城乡规划管理实践中出现的各种思潮，都以提高城乡的生态环境为基本宗旨。科学、合理地规划布局不仅使城乡建设和经营管理更经济，而且是创造一个和谐、美好的生态环境的基础。如工业用地的合理规划布置绿地系统，对城乡生态环境影响巨大，它有利于充分利用自然界的自净能力，促进资源的综合利用和"三废"的集中回收与治理。

（二）城乡生态环境在城乡规划中的应用

1. 深化城乡规划的制度改革

在城市生态环境逐渐受到社会大众重视的基础上，城乡规划的制定与实施部门要想实现城市生态环境在城乡规划中的作用，就要立足于实际，采取合理、有效的方法来增强城市生态环境在城乡规划中的应用，最大化实现其价值，为城乡规划建设提供一个良好的保障。首先，城乡规划相关部门要及时改变思想观念，积极学习生态与环境保护等方法，增强城乡规划中的城乡生态环境理念的应用。针对当前在城乡规划中的城乡生态环境存在的一系列问题，要在合理分析实际的基础上采取措施进行解决。城乡规划建设作为一项工作量较大的工作，在实际的建设过程中往往会由于各方面因素的影响，进而导致城乡规划建设的进程受到影响，质量也不高。对于这一问题，城乡规划的制定与实施部门要全面分析城乡规划建设情况，在前期要深化城乡规划的制度改革。

2. 加强环境保护，创造良好的人居环境

随着现代经济的快速发展，人们的物质生活水平不断得到提高，社会大众在寻求物质追求的同时也开始追寻精神需求方面的满足，这使得生态环境建设的重要性更加凸显出来。在城乡规划中，城乡生态环境的运用也开始广泛化，但要发挥出其在城乡规划中的作用，还要立足于实际来采取合理的环境保护措施。城乡生态环境作为一个先进的设计理念，在实际的应用过程中并不是一成不变的，往往需要根据时代趋势来不断更新与发展，进而适应社会的需求。在现阶段，城乡规划中常常会由于各方面因素的影响而出现一系列的环境污染问题，这些问题不仅对城乡规划建设整体水平的提升造成了不利影响，还在一定程度上危及了人们的生活环境，成为制约城乡发展的顽疾。

3. 维护生态平衡，促进城乡可持续发展

城乡生态系统是由城乡居民和居民生活、生产环境要素所构成的。在实际的城乡规划建设中主要是由政府来进行建设，但由于涉及地区较多，涉及的构成方面较多，且建设过程中往往会由于各类外界因素的影响，进而阻碍

了城乡规划建设的整体进程。因此，城乡规划相关部门要从全局的角度去综合考虑，制定综合性的实施战略。城乡规划设计过程必须加强对生态层面的关注，要尽可能地避免城乡规划建设对生态环境的影响。同时要加强在规划建设过程中对生态环境的监督管理，一旦发现生态方面的问题，要及时采取措施来进行解决。特别是农村地区，大多数农民是靠种植农作物来获得经济效益的，一旦生态环境出现污染，将会对其生产、生活造成极大的不利影响，也影响了农产品的市场供应。对此，政府等相关部门要注意在城乡规划中促进城乡现代化进程的同时，要根据农村地区生态环境水平来开展相关工作，通过掌握其实际情况来保持城乡的特色，积极开展环境污染防治工作，使城乡规划工作得到实质性的进展，为城乡居民的生活提供良好的保障，实现城乡可持续发展。

第五章　智慧城市与规划信息化探索

第一节　智慧城市及其规划设计

一、智慧城市的概念

智慧城市思想起源可追溯到 1990 年，以"智慧城市、快速系统、全球网络"为主题的国际会议在美国旧金山举行，这次会议对推动城市竞争力提升和可持续的"智慧化"发展问题进行了讨论。应该在城市规划中采用智慧城市新政策，该主张随后在美国西部俄勒冈州的波特兰市广泛实践。智慧城市思想不仅成为美国及一些西方国家的国家战略重要组成部分，也因符合快速成长的中国城市对未来发展理念的追求，因此迅速成为中国诸多地方政府未来执政纲领的"核心指导思想"。

作为一种新概念和新模式，智慧城市的概念尚处于构建期，随着关注重点、战略利益及视野的不同而有所不同。目前，国际上接受度较广的定义是：智慧城市以智力、社会资本和基础设施（包含传统的和现代的信息技术和设施）为支撑，进行参与式、智能化的管治，从而实现低成本、高品质的生产、生活。欧盟委员会在 Smart Cities Ranking of European Medium－Sized Cities 中对智慧城市的定义是：既重视信息通信技术的发展，又重视知识服务和基础应用的质量，既重视对资源的智能管理，又重视参与式、智能化的治理方式，多方面推动经济可持续发展和市民生活的更高品质。前者侧重于资本运作与经济增长，突出智能化的管理，后者将技术、服务、管理、经济发展和市民生活充分融合，体现智慧城市的万能效应。智慧城市概括为四种类型：①以信息通信技术与城市基础设施融合为手段的；②以提高政治和经济效益转变政府治理方式的；③以为市民提供优质公共服务，从而提高公众生活质量和生活便捷程度的；④以高度重视人力资本和社会资本在城市发展中的作用的。国内业界及学者对智慧城市概念的探讨大致分为两种思潮：一是强调技术作用概念；二是在技术支撑基础更突出人的主观能动作用及满足人的需求，强调城市智慧技术给城市"人本"方面所带来的推动作用。这些概念均突出了人的智慧与信息技术手段的紧密结合，即在城市内部形成以人为本的、有机协调的运行系统，是信息化技术手段与城市建设较好契合而产生的高端形态。

从形态角度看，智慧城市是多领域、多系统、多技术、多应用、多终端的超复杂巨系统；从趋势角度看，智慧城市是从机械体向共生、共治、共赢的生命体和生态体系进化；从参与角度看，智慧城市越来越由政府、企业和市民共同治理；从建设角度看，智慧城市越来越成为规划、建设、运营和服务一体化工程；从空间角度看，智慧城市是一个物理世界、信息世界和精神世界的融合创新。

二、智慧城市发展对城市规划的影响

智慧城市的规划建设是将信息技术与城市规划、城市建设和城市管理结合起来，解决城市经济、社会和环境问题的过程，是一项新颖、长期而又复杂的大系统工程。其以人为基础，以信息化技术为支撑，以土地为载体，通过城市规划的有效引导逐步实现，既是传统城市规划理论在人类生活新发展阶段的实践应用，同时又对传统的城市规划理论、思维、方法带来一定的影响，新的城市规划理论伴随着颠覆人类生活方式的新技术而不断产生、深化。

（一）虚拟空间的发展与扩散作用对城市规划产生冲击

随着互联网技术的不断拓展，基于网络的非空间集聚的生产、生活方式日趋成熟，依托互联网而形成的具备进行商品交易、社会交往、休闲娱乐、商务办公、资源共享和存储等多种功能的网络空间迅速凸显，这种空间即"虚拟空间"。"虚拟空间"的建立、扩展和完善，使空间虚拟化成为趋势，依托它的具有强大信息流传递、收集、整理、扩散能力的网络通信系统，在产生交易空间、公共服务空间和办公空间虚拟化现象的推动下，商业、工业乃至公共服务设施等城市空间结构受到了较大的影响，表现为城市土地趋向混合使用。因此，智慧城市建设必然对以实体空间为工作对象的传统城市规划带来巨大冲击。

（二）虚拟空间与流动空间的复合，催生网络化空间结构

信息流动是智慧城市运行的主要驱动力，以现代通信系统和现代交通系统为支撑的城市人流、物流、信息流、资金流、技术流等的共同作用，决定了城市空间结构特征，呈现物质空间（实体空间）与虚拟网络空间（虚拟城市）共存而构成混合的"流动空间"。城市是"流动空间"的节点，在智慧城市里，"流动空间"把各节点上的"流"链接到一起，实现循环流动。没有空间特性的信息流动，控制着各种"流"的流向、流量、流速，也控制着"流动空间"的聚集和扩散过程，由于信息流动具有不受时空限制的"任意距离"和"零时差"特征，传统的城市区位论和级差地租理论被彻底打破，传统上的区位优势不再存在，从而使生活、生产、商务、商业、服务等活动突破了原先区位条件的约束，在更加广域的空间里流动。因此，智慧城市空间重组突破了传统城市空间结构进行重组，构建新型的、有序的"流动—实体"空间并存的空间体系，形成多级、多层次的城市空间网络化体系。

（三）空间网络化结构使城市用地产生兼容、集聚或分离

智慧城市的空间虚拟化和网络化，使城市用地单元的使用性质变得更加具有兼容性。例如，第一，城市服务体系中的远程医疗、教育等社会服务通过各种远程操作进入电子服务空间，其服务质量和水平大大提高，多样化及灵活性明显增强，出现了智能化住宅和虚拟社区。随着城市办公服务空间的虚拟化、电子化，促使城市居住空间从单一功能向居住、商业、商务、教育、服务等复合功能转变。第二，大城市的CBD具有许多重要功能，是城市商务、购物、娱乐、信息服务中心，以高效的可达性促进商务、商业活动

聚集在此复合发展,体现城市发展和繁荣。信息化技术使电子商务、网上娱乐、信息服务等许多功能进入虚拟空间,造成CBD功能空间特征变化,从以商业为主的混合阶段走向专业分区的综合功能阶段,再走向功能升级、综合化、生态化的综合发展阶段。第三,智慧城市工业空间也将产生重构,生产方式更灵活方便,并形成新空间个体相对集聚、新个体与老城区相互分离的空间态势,出现新的空间要素—高技术中心,规模大者可分化为高技术产业综合体、科学城、技术园区、高技术城等类型,规模小者可形成虚拟化高技术企业。

(四)创新城市规划思维和增强规划操作性

城市规划手段经历了AutoCAD、GIS和大数据三个阶段,与过去AutoCAD、GIS及其二次开发不同的是,大数据的出现不仅仅是技术创新和效率的提高,更重要的是城市规划方法论发生了根本变化。智慧城市的发展理念和范式开辟了城市发展新视角,创新了城市规划新思维。对于智慧城市的资料获取、数据分析、目标定位、支撑体系、空间结构、产业布局、土地利用和管理模式等,都将会与传统的城市规划方法、框架、内容有所不同。原有的"蓝图式""扩张型"规划逐渐淡出,而面向人的需求、面向管理、面向存量的规划方法逐渐成为主流。以信息互联共享为特征的智慧城市,将给城市规划学科带来新思维:①引入一系列与智慧城市相关的新规划类型,扩充与完善城市规划体系;②从技术手段、规划理念、规划内容和编制程序方面对传统的城市规划提出补正与革新的要求,在经济、资源、服务、交通、医疗、民生、管理、生产和监督等方面更加强调"智慧"的内涵和"人"的主体作用;③大数据与SOLOMO(Social、Local、Mobile)等新技术的应用,改善城市规划的工作方式、方法和工作管理程序,智慧城市的技术创新、知识更新、规划网络数据库应用,以及BPM(Business Process Management,业务流程管理)、GIS(地理信息系统)、BYOD(Bring Your Own Device,移动办公)等智慧规划平台的建立,为城市规划部门提供了多数据源高效集成化、办公业务流程规范化、图文传递电子化、工作管理科学化、成果管理高效化的支持;④通过智能化、系统化的数据处理,使城市规划更加科学,实施评价更加客观、及时和可量化,从而提高规划的科学性、动态弹性和可实施性;⑤互联网人际交往空间,为多方参与规划决策和实施提供了便利的条件,将城市决策过程进行多元化、公开化、透明化,用广泛、开放的规划决策来推动城市治理模式的变革;⑥强调以人为中心的价值取向,走以人为本的可持续发展道路。

三、城市规划理论对智慧城市的引导

无论是建筑学的城市物质空间,还是地理学的城市结构和区域经济,或者是社会学的公众参与和社会公平等城市规划流派,城市规划理论所追求的目标蕴含的理念与智慧城市的发展模式是不谋而合的,如以人为本、公平、经济、综合、高效、生态、可持续、全球化等理念,都为智慧城市的规划提供了支持。

(一)引导编制动态的弹性规划

智慧城市的发展模式与以往城市传统发展模式不一样,需要一个长期的循序渐进的规划、建设过程,不是一蹴而就的,因而其规划编制也需要从静态规划转向过程渐进式规划,即规划目标和控制指标要根据城市外部条件变化、社会经济发展、信息产业发展和基础设施具体推进的情况进行动态调整,即规划应具有应变能力,兼顾刚性控制和弹性引导,体现"动态"和"弹性"特征。例如,维也纳在编制智慧城市总体规划时,制定了多层次分步实施的目标体系,注重了远近结合,既具有超前长远的规划理念,又可以根据实施情况及时修正,保证规划目标的现实可操作性和灵活性。

(二)引导趋向综合统筹的规划

随着城市规划学科理论水平的不断提高,规划内容已由单一物质形态规划向关注民生、社会、生态等多维度的综合规划转变。生态能源的可持续性、城市居民的实际需求、城市经济健康发展和城市综合效益提升等成为城市规划的侧重点,每一个城市规划要素都是推动智慧城市建设的关键要素,因此,在智慧城市规划中都必须落实,智慧城市的规划越来越趋向综合统筹。

（三）引导提供智慧集成的服务

城市由市民、企业、政府、交通、能源、商业等主体构成，彼此广泛联系、影响、互促，不同主体的利益需求不同，需建立相应机制协同各方利益共同发展。因此，智慧城市的规划必须协同多方利益主体的需求，引导智慧城市提供智慧集成与集成智慧的服务。智慧城市的组织机制体现在多领域、跨组织交叉与集成。智慧城市采用 ISGBP 模型协调各种需求，以降低成本、提高效益为目标，通过智能服务（Service）协调政府（Government）、企业（Business）、公众（Public）、公共基础设施（Infrastructure）等方面进行良好互动。该模型以基于物联网的智能服务为核心，提供数据服务、功能服务和模型服务。其中公共基础设施（I）是物，政府（G）、企业（B）和公众（P）是人，四者间存在多种相互关联的关系，人与人、人与机器、机器与机器的参与和沟通都是通过智慧化服务来协调完成的，同时各种具体的服务之间又相互组合，形成一个立体交叉体系，关系更加复杂，服务层次更高。因此，智慧城市建设是一个多领域、多专业、多主体参与的系统，体现智慧的集成与集成的智慧，通过各方共同努力实现智慧城市最佳效益。

四、智慧城市规划建设的路径

"城市建设，规划先行"，智慧城市规划是推动智慧城市建设的重要基础，是实现"智慧城市"发展战略目标的先导。涵盖土地资源利用、城市建设布局、经济发展和生态环境诸多方面，基于智慧城市与城市规划的相互影响关系分析，可以认为智慧城市规划作为控制智慧城市土地和空间资源分配的重要公共政策，必须体现二者的相互需求与变化，即以智慧城市的理念来规划城市。由于智慧城市规划理念鼓励更加系统、智慧、动态地思考与解决各种问题，在充分应用系统化、结构化、智能化的技术与工具的基础上，对城市大数据进行科学分析，重新审视城市的资源条件、发展动力、城市定位、发展目标、空间结构、功能布局、支撑体系、城市形象、城市经营和城市管治等内容，最终提出科学合理的智慧城市规划方案，实现信息资源与城乡规划的有效整合，实现城市经济可持续增长和城市建设管理智慧化。

（一）智慧城市规划深度拓展与顶层设计

智慧城市规划是对传统城市规划理论的深度拓展，在规划类型、内容深度、布局结构特征、技术手法等方面均有突破。智慧城市规划的关键点在于运用城市的人口、经济、地理、交通等海量信息，科学预测城市生活、生产需求，并对合理的空间布局、便捷的服务设施、快速响应的基础设施、可持续的生态环境、丰富的城市文化和透明的城市管治等方面给予智能安排，满足城市绿色、环保、低碳、以人为本的基本要求。智慧城市规划定位要高，要从规划初始阶段就嵌入智慧，先构建城市"智慧神经"网络，随后交通、电力、商业、医疗、服务、家居等智慧应用都在这张网内运行。

可见，智慧城市规划建设一要注重顶层设计，面向城市本身市民的层次和需求，因地制宜，体现本市特色；二要重视近期建设规划，以信息技术、物联网等基础建设为重点，搭建智慧城市"神经"；三是中期规划逐步扩展智慧应用的领域，与空间功能进一步结合，提升城市功能品质，增强城市可持续发展能力。例如，巴塞罗那智慧城市启动了520个街区作为首批绿色街区，规划与整合了再生项目，通过设计高质量的体系结构，打造易于访问的现代城市设计典范试验区。为实现低碳绿色巴塞罗那，推出了涵盖能源替代、运输管理和绿色建筑的新绿色城市运行计划；为实现互联巴塞罗那，全市范围都覆盖宽带网络，为市民提供免费 Wi-Fi 服务，还推行"家庭光纤""T-City Friedrichshafen"数字网络，通过 Cisco 城市智能服务平台实现所有信息集成。链接方便又高度安全的 Cisco 涵盖了运输、房地产、安保、商业服务、教育、卫生、体育娱乐和政府8个领域。

（二）智慧城市规划体系的构建与完善

利用智慧产业的技术手段，结合当前的城市规划体系，把"智慧"的理念融入城市发展战略规划、总体规划、详细规划等不同层面，根据需要，围绕"智慧"的主题，开展相关的功能区规划、产业规划、基础设施规划、公共服务设施规划等专项规划，促生新的产业规划类型。总之，在智慧的城市规划理念的指引下，将围绕"技术、生产、生活、生态"等核心发展要素，以"智慧"为主线，逐步突破现有城市规划框架，拓展新的城市规划类型，构建多层次、多专业的智慧城市规划编制体系，用智慧的城市规划手段来编制智慧城市的规划。

(三) 智慧城市空间布局的调整与优化

城市空间形态变化与特定历史阶段的经济发展质量和技术水平是息息相关的，智慧城市理念、战略目标与实施策略都将最终反映在城市空间布局上。传统城市是依托土地为实体载体而发展的，其交通区位至关重要。然而，随着信息化时代的到来，城市布局交通区位指向逐步被信息区位指向所取代，以信息技术的网络流线和快速交通流线为支撑，网络化虚拟空间结构成为智慧城市的显著特征。因虚拟趋势的作用改变了城市以往的空间形态，促进城市的跳跃式发展。但本书认为这种城市功能空间的网络化、分散化只代表一种城市空间结构日益分化的趋势，智慧城市仍然离不开以土地为物理空间载体的支撑，只是表现为集聚与分散、远程与面对面的协作方式共存，城市发展呈现实体空间与网络虚拟化空间一体化拓展的局面。另外，城市不会在一夜之间完全变成网络化均衡布局的理想状态，既有的空间组织规律不会在一夕间全盘改变，针对智慧城市空间形态的趋势特征，网络化空间变化及其影响的渐进性，智能城市规划要在既有城区与新区中采取不同的规划策略，找到兼顾城市新旧空间的组织模式与平衡点。

城市既有建成区中，流动空间和虚拟空间颠覆了经典的城市区位论，市场区位条件优越与否被是否具有高度发达的网络交易平台所替代。因此，智慧城市规划在连片老城区宜采取对既有空间结构微调的手段，分析流动空间、虚拟空间对城市功能空间产生疏解与重构的影响，制定城市调整和优化环境的解决方案。第一，顺应分散化、虚拟化趋势，疏解中心区过分集聚的功能，部分传统的生产、贸易功能外迁，取而代之的是新业态功能，适应信息时代的需要，并借机优化城市老城区物理空间结构；第二，弱化城市的功能分区，研究功能复合的方式及空间组织特征，在规划单元中实现职住平衡、功能复合，允许城市土地混合使用，实施融合建设策略；第二，分散与集聚并重，重点关注人流、物流、资金流、信息流等"流"的交会处形成的城市重要信息节点，拓展 TOD（Transit-Oriented Development，公共交通导向开发)、SOD (Service-Oriented Development，服务导向发展) 导向型布局模式向 TOD 或 SOD 与 IOD (Information-Oriented Development，信息导向发展) 复合导向型布局模式转换，将生产、销售、分配和管理功能定位在最有利的区位，各种"流"通过互联网将所有相互作用的活动链接到一起，提高网络化节点区域的功能开发多样性和效率，增强城市老区活力。

智慧城市的跳跃式发展趋势使新城、新区、产业开发区、高科技园等的建设可以不受交通及空间距离的约束。选择在空间条件优越的理想地段，新功能区规划选址的约束条件将大幅度下降，可提供选择的空间也会更多，更加趋向宜居、生态。在新功能区规划中，产城融合、功能复合等新形态取代了传统的严格功能分区，完善的信息基础设施建设将促进新的集聚中心的形成，甚至还会引发城市 CBD 功能外迁和升级。因此，在智慧城市发展的背景下，规划既要防止旧中心区的衰退，又要为新中心预留集聚空间，兼顾城市旧中心区与新区在功能定位上错位发展、功能互补。

(四) 基于城市问题为导向的智慧城市规划发展模式

不能解决问题的产业或规划都是"无知"的"无能"的，解决城市问题也将是智慧城市的规划和智慧城市规划的根本目的。从问题出发的智慧城市规划，应该更好地发现城市问题，更好地寻求解决问题的方案机制。城市问题归根到底就是人的问题，因此，智慧城市规划不是帮"人"规划，而是将"人"引入规划、管治体制中，让其发现问题和参与制定解决问题的方案。最了解问题的是城市中的民众和企业，需要创造条件引导、鼓励他们充分参与规划和管理。类似 SeeClickFix (看见、点击、修理) 的众包 (Crowdsourcing) 无疑是智慧城市中发现、反映看得见问题的有效方式；城市中开放的数据可以更好地发现看不见的问题；类似旧金山 ImproveSF 社区问题解决平台，有利于与利益相关方一起寻找解决问题的办法。因此，智慧城市的顶层设计和城市规划应该是以"人"为出发点，以解决实际城市问题为目标，而不仅仅是信息化技术的进步和硬件的升级，能解决城市问题的规划方案、规划政策本身就是好智慧。

(五) 从智慧城市向智慧城乡、智慧区域的蜕变

即使因资金、政策、技术推广、人才分布等因素限制，城乡在获得新技

术应用方面存在时空分异，但客观上信息化技术普及不会因地域分异而出现高与低、城与乡的分异。因此，智慧城市在城乡发展的机会应是均等的，智慧城市能够打破因区域间发展水平的差异和部门间条块利益的分割而导致信息化孤岛，使各地区、各领域具备共享资源、协同运作的条件。随着城乡统筹的推进，特别是大都市圈地区城乡基本公共服务均等化工作的推进，城乡的生活质量差异逐步缩小。信息技术的推广和信息网络的建设，使农村富余劳动力可以依托网络在农村从事非农业活动，使就地城镇化出现新的形态。同时，城市人口可以到农村地区租用农村富余物业，从事商务、商业、旅游业等活动，改善农村地区的产业结构，增加农民的资产性收入。城市居民也可以将生态田园、立体农业等引入到城市功能组团，出现城乡功能互嵌现象，使城乡生活生产方式差异缩小，城乡边界变得模糊。从区域发展和新型城镇化的角度看，统筹城乡一体化是地区发展的最终目标，而"智慧"是可以比实体更加容易突破城乡界限的，因此，建设智慧城乡、智慧区域也将成为区域发展、统筹城乡的发展目标。目前，我国长三角、珠三角和京津冀环渤海湾三大智慧城市圈已初步形成，成为带动全国智慧城市发展的强力引擎。

第二节 生态智慧乡村规划设计

一、生态智慧乡村的内涵

生态智慧乡村是指运用生态学原理，以生态化、信息化和创新化为原则与主导路径，营造的高质量、适应性的美好乡村。坚持生态优先、以人为本的发展理念，加强智慧建设，强化创新驱动，推动乡村的可持续发展。

（一）构成要素层面

生态智慧乡村是立足于乡村发展特性，以人为本，将"生态"与"智慧"发展理念融为一体，并予以升华。以人为核心，即在生态乡村营建中发挥人的"智慧"，包括教育培训共同学习、自下而上凝聚共识、集体智慧共同营建、青年力量创新创业及邻里关怀生活丰富等，形成乡村发展的内生力量。"生态智慧"一方面指协调乡村经济、社会与自然复杂系统的能力，促成乡村的可持续发展；另一方面也指在新时代，以大数据、互联网、物联网等科学技术为导向的乡村发展模式，是以可持续发展为目标的集约化、高效化的发展理念和处理复杂问题的分析能力，是绿色发展导向的各种创新。

（二）构成要素关系

生态智慧乡村是建立在以人为本的核心基础上的，将"生态乡村"与"智慧乡村"理念有机结合，优化形成一种新的乡村发展模式，有助于实现乡村现代化与可持续发展的有机统一，促进乡村转型升级与高质量平稳发展。二者"可持续发展"的共同目标形成了相互促成的理念基础，"生态乡村"是乡村发展的未来导向，"智慧"则是为达成"生态乡村"目标的发展理念、技术路径和实现手段之一。生态智慧乡村并不只是生态理念与智慧技术的简单叠加，其中包括了生态乡村的内涵性与智慧乡村的先进性，二者相融，优势互补，统筹兼顾，协同递进。

（三）现实意义

生态智慧乡村借助科学的力量为乡村带来永续发展的能量，具有高效性和适应性特征，能够减轻乡村发展给环境带来的影响，使乡村和自然更好地和谐发展。旨在经济效益和生态效益一同提升，以循环经济为乡村发展提供新动力，为经济发展带来新机遇。将智慧的理念和技术与乡村的生态优势相结合，使乡村紧跟时代发展，构建平等的城乡互动体系，在推动城乡融合发展的同时保持乡村特性。

二、建设生态智慧乡村的必要性

（一）基于乡村振兴战略的"生态振兴"

中华人民共和国成立之初是一个城镇化率只有10.64%的以农业和农村为主的国家，历经70年的发展，城乡融合并不是将乡村城市化，磨灭乡村的特性，而是城乡互补共荣的双向融合，乡村找到其特有的发展优势，需要在多个层面和维度上进行改革。

实施乡村振兴战略，要按照产业兴旺、生态宜居、乡风文明、治理有效、生活富裕的总要求，建立健全城乡融合发展体制机制和政策体系，加快推进农业农村现代化。生态振兴是乡村振兴的重要支撑，是前提也是结果。良好生态环境是农村的最大优势和宝贵财富。要坚持人与自然和谐共生，走乡村绿色发展之路，让良好生态成为乡村振兴的支撑点。

（二）信息化、智慧化发展是乡村发展的必然趋势

第三次科技革命使人类由工业化时代进入信息化时代，自20世纪90年代以来，人类进入信息时代高速发展时期，主要标志就是通信技术和计算机技术的飞速发展和广泛应用。物联网、云计算、人工智能等新兴技术的迅猛发展，与生活、生产、服务、治理等逐步融合，智慧政务、智慧城市、智慧产业、智慧生活等新形态不断发展。随着物联网连接范围的拓展，智慧的生产生活方式不仅将在城市实现，也将在农村实现，在农业现代化发展中起积极作用。智慧农业、智慧乡村的发展将加速城乡融合发展的进程，对于我国新型城镇化建设具有重要意义。

三、生态智慧乡村相关理论

（一）核心理论

1. 生态智慧理论

从人类对其传统聚落的不同营建角度，生态智慧的表现主要分为两个方面：一是生态性的思想智慧，这是人们在理解聚落周边的气候、地理、人文等生态关系中得出的生态和谐理念；二是智慧性的生态对策，人们在实践中充分利用自身智慧、技能和手段，合理规划布局，运用朴素措施，使环境要素充分为人所用，生态智慧理论的具体内涵分为生态智慧的生命观、自然观和资源观、文化观、科学观及生态智慧的普遍性与特殊性。

生态智慧理论是生态智慧乡村营建的核心理论，一方面，以生态的智慧理念经营乡村系统，并发挥人类的智慧作用，促进乡村的可持续发展；另一方面，运用智能技术实现资源高效率转化，为乡村生态环境建设提供服务，提高乡村经济的竞争力，实现人与环境和谐相处。

2. 德才兼备理论

德才兼备理论的目的是将智慧与生态高度融合。从"德"和"才"角度分别分析生态城市和智慧城市的特性，对智慧生态乡村理论的构建也具有一定的借鉴指导意义。他指出，生态城市的德才与智慧城市的德才皆各自有明确的含义，这为智慧生态城市德才兼备理论奠定了逻辑基础，也使智慧生态城市的先进性与可行性更加明确。

从乡村规划建设角度来看，德才兼备理论将智慧乡村的德才与生态乡村的德才予以最大限度的融合，既是智慧生态乡村建设的指导理念，也是智慧乡村发展目标的表达；同时在二者的融合关系上，生态更担任了"德"的发展指引角色，而智慧则是为达到生态目标所具有的"才"。

3. 自律理论

在哲学史上，"律"大体上与"理性"词义相当，指主导指导行为的原则；自律原则来自个体自身的理性，而他律则指原则来自个体自身的理性之外。自律具有重要的意义与价值，它是主体应对挑战、提升和完善状态、促使系统发展的内在驱动力。

生态智慧乡村的自律性表明乡村应当具有自组织、自调节机制，具有自我维持、自我完善的能力，使乡村的发展与转型行为得到科学控制，确保乡村的生态环境和智慧特点得到维持，促进可持续发展，在保护生态环境的基础上提升经济效益，对乡村各项农业活动、建设活动、生活活动方式和强度进行符合智慧与生态内涵的严格限制、控制和管理，包括建立一个具有韧性与永续性的生产系统，限制化肥的滥用、土壤污染、水资源浪费和植被破坏等，实行土地休耕和退耕还林，严格限制用地，建设实施智慧系统管理农业生产、乡村治理，规范生产、经济、生活活动，制定乡村绿色生产、生活标准及规范等。

4. 公共利益理论

建设"智慧城市"的难点不在于技术，而在于利益壁垒。在乡村也是如此，且乡村人际关系更具象复杂，位于转型初期，管理体制规范尚未成熟，新兴领域的发展缺乏经验，各方利益冲突、失衡问题突出。通过合理的乡村规划建设,使公共利益得到维护,使人与人、人与环境之间保持协调,从而使人更好地适应乡村环境。在生态智慧乡村规划建设中,公共利益理论至关重要,需要通过实现环境资源协调最大化保持人与环境的和谐相处。

公共利益也应是生态智慧乡村的追求目标之一,包括和谐与共生两个方面,和谐体现了智慧属性,共生体现了生态属性;通过和谐与共生,使乡村实现最大限度的公共利益。城市与乡村、乡村的整体与部分、村委会与村民、不同人群之间,实际都存在共生的关系。乡村共生具有丰富的类型,包括城市与农村的共生,乡村人类与其他生物及自然的共生、乡村与区域的共生、旧村与新村改造的共生、代际共生、各种不同文化的共生、传统产业与高新技术产业的共生,以及大型设施与生物的共生等。

5. 集体智慧理论

集体智慧是众多个体通过互相协作与竞争而涌现出的共享性或群体性的智慧。在物联网的语境下,集体智慧可以归因于媒体融合以及共享文化。麻省理工学院集体智慧研究中心将集体智慧定义为:通过网络将大量松散的个人、现代企业和组织集合在一起,通过集体成员的互动或集体行为所产生的高于个体所拥有的能够迅速、灵活、正确地理解事物和解决问题的能力。

生态智慧乡村的集体智慧理论即重点突出公众参与、以人为本的重要性,并发挥多学科、多领域在乡村营建中的联合优势。重视"生态"与"智慧"在乡村结合过程中发挥集体智慧的效能,在智慧生态乡村规划建设的过程中,通过将原本没有交集的个体、组织和企业结合在一起,则能利用集体智慧解决智慧生态乡村的建设问题,完成对乡村生态性的深入挖掘,进而更好地推动乡村发展。

集体智慧也可以使乡村的生态、生产、生活发展更具科学性,发挥多领域联合优势,如智慧生态乡村的建设,不仅需要拥有土地和种植经验的农民的参与配合,智慧生态领域相关专业人才予以科学先导性的培训与引导,还需要信息技术公司、生物公司、农业机械公司等予以技术支持,建立一个让不同主体智慧互通有无的咨询平台,动态交流沟通,才能发挥智慧生态乡村建设的集体智慧效应。

(二) 支撑理论

1. 可持续发展理论

可持续发展理论的核心思想是：人类应协调人口、资源、环境和发展之间的相互关系，在不损害他人和后代利益的前提下追求发展以及人与自然、人与人之间的和谐，其实质是人地关系理论的延续和拓展。在生态乡村规划中，应合理利用自然资源、确保资源的生态安全，实现土地利用的综合效益，促进人与自然和谐相处，实现乡村的可持续发展。

2. 人居环境科学理论

人居环境科学是一门以包括乡村、集镇、城市等在内的所有人类聚居为研究对象的科学。它着重研究人与环境之间的相互关系，并强调把人类聚居作为一个整体，从政治、社会、文化、技术各个方面，全面、系统、综合地加以研究，而不像城市规划学、地理学、社会学那样，只是涉及人类聚居的某一部分或是某个侧面。

3. 乡村精明增长理论

精明增长理论最初是针对城市问题提出的，提出紧凑、集约、高效的城市增长模式，以期通过集约发展的方式抑制城市低密度蔓延带来的环境污染、交通拥挤、土地浪费及中心城区人口减少等城市问题，实现经济、社会、环境协调发展。

随着经济的迅速发展，乡村同样出现了与城市相同的无序扩张问题，造成了农用地的大量流失。作为从城市精明增长演变而来的一种发展理念，乡村精明增长同样需要一种更加精明的发展方式来保障乡村生态服务功能的提升，提高土地资源的利用效率以及保障乡村经济的可持续发展。乡村精明增长发展策略的实施关键是保障乡村活力的提升和可持续发展。从现有的研究和实践来看，乡村精明增长的路径主要有四个方面：推动用地集约、推动空间紧凑、推动生态宜居、推动社区参与。

4. 生态旅游承载力理论

生态旅游承载力的概念应包含两个方面：一是生态系统自身的承载力；二是景区开展生态旅游发展所能承受的压力。生态旅游承载力理论在生态乡村规划、建设中的应用主要体现在资源环境承载力、经济环境承载力与基础设施承载力。生态乡村的规划在协调旅游发展、促进生态环境和谐发展的同时，要完善旅游设施，提高综合接待能力，规范旅游服务，提高游客满意度，加大宣传力度，提升各生态乡村旅游知名度。

5. 景观生态学理论

景观生态学是一门强调空间格局、生态过程及尺度之间的相互作用，涵盖的斑块－廊道－基底模式理论、景观异质性理论、景观连接度及渗透理论对城市生态园林的建设有着重要的指导意义。在生态乡村规划建设中，景观生态学同样发挥了重要作用，这种作用主要体现在乡村的景观规划方面。

四、生态智慧乡村构成系统的要素释义

（一）生态宜居

生态宜居是生态智慧乡村系统的核心，生态智慧乡村不仅具有良好的自然生态环境，也注重其为人们提供宜居的生活环境，主要包括生态资源、污染防治、景观风貌、环境卫生和基础设施建设5项要素。

生态资源是乡村的优势和特色，对于乡村生态资源的保护和利用能够维持乡村生态系统的稳定与可持续发展。乡村的污染防治是维护良好生态宜居环境的关键，一方面以低碳环保的生活生产方式减少污染；另一方面，以净化循环再利用的方式治理乡村污染。景观风貌是生态宜居的外部表现，乡村进行的建设活动在符合人们生活需求的同时，要注重与自然环境的融合。乡村的环境卫生需要人们自觉维护与管理，减少对环境和生活的影响。基础设施建设是影响乡村居民生活质量的重要因素，对于乡村交通设施、农业生产设施、供电设施、给排水设施等的建设和完善是实现农村现代化的基础。

（二）经济发展

经济发展是生态智慧乡村保持活力发展的关键，主要包括产业发展、创新创业和青年营建力量。乡村产业发展是乡村振兴的重要因素之一，发展以生态产业为核心的多元产业化是乡村未来发展的方向。在新的经济形势和环境下，如何在乡村开展新的经营方式，对乡村创造就业机会、提高经济收入具有重要意义。人口老龄化是现阶段乡村普遍面临的问题，改变乡村经济发展方式，吸引青年人才回乡参与建设是未来发展的关键。

（三）自主营建

自主营建在生态智慧乡村建设中发挥着重要作用，生态智慧乡村的建设与发展依靠当地居民自发的营建力量。这需要当地组织发挥带头布局作用、乡村公众积极参与形成该村营建共识与凝聚力，这种"自下而上"的集体构成和组织方式有利于乡村的内生发展。而乡村邻里间的感情交流，对年长者或弱势群体的关怀照顾也是生态智慧乡村所强调的乡村凝聚方式。

（四）体制机制保障

生态智慧乡村的正常运行需要体制机制的支持和保障，首先需要结合当地实际对具有前瞻性、科学性和系统性的村庄规划予以指导，以有效的乡村治理方式配合实施，并建立与周边区域联合发展的思维和合作模式，吸引多领域的长效融资机制，以生态环境保护制度管控开发建设行为。

（五）综合安全

生态智慧乡村的综合安全子系统主要包括防灾避灾规划与措施和乡村治安管理，乡村作为易受自然灾害冲击的区域，应当重视防灾避灾基础设施的建设，预先进行防灾避灾规划，制定措施，将保障乡村居民的人身和财产安全放在首位；加强乡村治安管理，提供安全舒适的生活环境和稳定的经济发展环境。

（六）软件资源建设

软件资源建设是生态智慧乡村系统强调的特征之一，提出乡村建设不仅是硬件设施的发展，软件资源的建设同样具有不可替代的作用。结合乡村现阶段发展特征，提出生态智慧乡村软件资源建设的5个要素，分别为教育与培训、活动策划、历史文化资源、生态教育资源和导览解说资源。

（七）网络信息建设

网络信息资源建设是生态智慧乡村系统强调的特征之一，也是建设现代化乡村的必要条件和发展方向。网络信息基础设施建设是硬件基础，对乡村居民进行乡村营建主题的网络操作技能培训是乡村网络信息建设为生态智慧营建发挥作用的关键,建立网络交易平台销售本村农特产品,鼓励乡村居民将乡村美好生活分享至网络平台,提高乡村宣传推广效益,同时建构网络惠农服务,为居民生活提供便利。

五、生态智慧乡村规划设计对策

(一)产业兴旺——以生态智慧为核心的多元产业活化

生态智慧乡村以生态智慧为核心,并不意味着制约乡村经济的发展,而是建构在可持续发展的基础上形成多元产业活化,注重各项产业之间的智慧联结。例如,有机农作物生产可以发展为加工制作的农产品加工业,让游客体验生产过程发展生态旅游业,在优质的生产环境和生态环境的基础上发展生态教育产业等。在网络平台上销售并推广农产品以提升销量,也是运用"智能"活化产业发展的体现。

以生态智慧为基础的多元产业活化,不仅大大提高了村民的收入,也有效激起了村民共同参与乡村营建的希望和积极性,形成了共同奋斗的乡建精神,新的产业形式与时俱进,提供的多样就业发展机会能够吸引一部分离乡在城市工作或读书的青壮年返乡参与建设。

(二)生态宜居——立足乡村生态优势

乡村的最大优势是生态,这是其区别于城市的独特竞争力。乡村的发展应当采用生态营建的方法,将乡村看作一个开放的生态系统,注重各系统之间的循环关系。尊重自然规律,建设应当尽量减少对环境的影响,如考虑预留其他生物的繁殖与栖息空间。运用生态工程技术建设乡村各项基础设施,依照乡村独特性、在地性与恢复原始风貌相结合的原则进行乡村景观风貌生态改造,并注重乡村卫生环境的治理与维护,为当地居民提供宜居的生活环境。

(三)乡风文明——重视乡村软性资源和网络信息建设

乡村建设只有硬件设施是远远不够的,还需要软性资源的导入,才能使各项建设具有自我运行的机制,结合网络信息技术发挥效用,促进文明乡风的形成。

生态智慧乡村的软性资源主要包括教育与培训、活动策划、生态教育资源、历史文化资源和导览解说资源。乡村人力教育培训是各项建设能否发挥效用的关键，也为生态智慧乡村营建奠定了人力基础；乡村的活动策划对活化乡村产业、宣传推广乡村特色、丰富在地居民生活和推广绿色生活理念等具有积极作用；将在生态智慧乡村营建过程中涉及的生产、生活、生态各个方面的经验进行系统研究，整理形成乡村生态环境的教育学习资源；设置本村的文史数据库，收集并发展本村历史文化资源；配合乡村特色建立解说资源，培训导览人员。

网络信息建设是乡村转型的工具，可以帮助村民推广农村生活，促进乡村经济活动的交流，规模不断成熟，有利于社区意识逐渐凝聚，社区意识会使村民更加了解本村的文化特色，进一步将这些特点强化，从而累积乡村的文化价值。乡村的网络信息建设应针对乡村基础建设条件和阶段特征分步骤进行，从网络硬件设施引入、对村民进行简单电脑操作能力培训到结合乡村营建目标进行村民宣传推广能力的培训和引导，再到建立本村宣传推广网站、网络交易平台，最终达到帮助村民自主创新创业的目标。网络信息建设中，对于村民的培训十分重要，主要包括两点：一要分对象制定培训课程，对于乡村营建主力应注重结合乡村营建的发展目标，对于青年人应满足学校教育要求，对于老年人应以适力辅导、丰富生活为主；二是培训内容应围绕乡村营建的主题，对有利于乡村发展的网络信息技术和技能进行传授，引导村民结合网络信息技术进行创业升级。

（四）治理有效——建构"自下而上"的营建共识和力量

生态智慧乡村最重要的是发挥"人"的智慧，即建立"自下而上"的营建共识和力量，发挥集体智慧的作用，强调公众参与的重要性，践行"以人为本"的核心理念。乡村发展最应该依靠的是自身力量，建立能够代表各层级利益的组织作为乡村振兴的主导者和推动者，通过公众参与和多方沟通建立乡村营建共识，注重凝聚感和人情味的营造，关注乡村年长者和弱势群体，促进邻里沟通交流，建构和谐乡村。

（五）生活富裕——吸引青年乡建力量

青年乡建力量关乎生态智慧乡村的可持续发展。在乡村经过探索努力建设取得一定成效,逐渐形成较为成熟的发展路径,良好的发展前景和优质的生态环境和居住环境,能够让部分年轻人看到本村发展的潜力与希望。而乡村多元产业活化的发展方式也为青年人提供了多种就业创业机会和发展空间。乡村振兴需要青年建设力量,生活富裕的乡村振兴目标和成效会成为吸引青年返乡的重要因素,应当予以更多政策扶持,减少青年乡建人才返乡的阻力。

第三节 城乡规划管理信息化体系的建设与应用

一、县域城乡规划管理信息化体系的建设应用——以××区为例

(一)技术路线和总体构架

1. 技术路线

××区规划部门始终坚持以信息化建设推动城乡规划发展的理念。在推进规划管理信息化平台建设的技术战略中,基于××区作为经济高速发展的珠三角地区县区的特点,充分利用区域优势,强调以城乡规划的信息化需求为导向,低成本、高起点、严标准地进行信息化建设。由于认识到中小城乡规划管理信息化平台建设是一项大型系统工程,并存在周期长、经费投资高、见效慢、组织实施工作十分复杂等一系列问题,创新体系的形成和实施过程不是采用一步到位,构筑"大而全"系统的方式,而是采取"发现问题—解决问题—解决反馈—不断提升"的途径,解决规划工作中出现的实际问题,从而使城乡规划由传统模式逐渐向信息化城乡规划过渡。

2. 总体构架

遵循以上技术路线,最终形成3个"层次"、1个"综合网络"和1个"规范标准"的规划管理信息化体系。其中,基础建设包括数据建设、建立坐标空间转换模型和连续运行卫星定位服务综合系统(Continuous Operational Reference System,CORS)应用3个方面;管理建设由规划数据库管理系统组成,在层次三角形中起到联结基础建设与服务建设的"承上启

下"作用;服务建设城乡规划管理信息化的目标所在,主要包括规划管理信息系统、电子报批、规划在线网站、村镇规划信息管理系统、三维辅助审批系统、村镇规划信息管理系统和地理空间信息公共服务平台等一系列分工明确、相互配合的子系统。

(二) 主要技术特征

1. 利用软件数化方法提高软件复用性

软件数化(sofware datalization)是指将应用系统中与具体应用密切相关、容易发生变化的内容由静态的程序代码实现转换为由动态的数据实现,以提高软件稳定性的软件工程方法。利用软件数化方法能提高软件复用性,以平台化模式开发城乡规划管理信息系统。基于软件数化的规划管理信息系统的开发,分为开发规划管理信息系统领域软件的领域工程和具体数化件构建的应用工程两个阶段。在领域工程阶段,需要先对领域需求进行分析,提取领域共性特征,并建立领域模型。在应用工程阶段,数化件由应用模型中的需求要素转化生成,是规划管理信息系统领域特征在具体应用中的实例化表现。软件数化研究并提取规划管理信息系统建设需要考虑易变因素与不变因素,并将易变因素由软件实现转化为数据实现,通过解析机制实现原有功能,从而使系统兼具稳定性与灵活性。将系统分为软件平台和应用模型,前者稳定且易于复用,后者易于调整以贴近用户实际需要,从而解决了直接面向用户的应用系统和套装软件各自存在的问题,降低了应用开发与维护的成本,使系统具有坚实的推广应用基础。

2. 村镇规划信息服务构建灵活、稳定

为了与县、镇两级管理体制相符,使规划管理从县向镇(街)延伸,需要引入面向服务架构(Service-Oriented Architecture,SOA)的基本思想和方法,简化终端电脑载荷,降低系统维护与升级成本,从而提高村镇规划管理的信息化水平。村镇规划信息服务构建向上要求能够与市级分节点无缝对接,向下面对的是各镇(街)终端日益增长的村镇规划管理需求,以及各部门基础地理信息共享的要求。

面向服务架构通过松耦合关系将应用程序的不同功能单元(称为服务)

联系起来。松耦合系统具有灵活性好和相对稳定性强的特征,因此可以适应不断变化的环境,如经常改变的政策、业务级别、业务重点以及其他与业务有关的因素。这种能够灵活地适应环境变化的业务称为按需(on demand)业务,在按需业务中,一旦需要,就可以对完成或执行任务的方式进行必要更改。

3. 快速实现各类数据增量更新

在县(区)级城市中,由于资金、人力投入十分有限,如何利用规划管理过程中的数据建立数据更新机制,低成本地实现数据快速更新,是保持规划管理信息系统强大生命力的关键所在,××区规划管理信息化平台建设在这方面实现了国内区级城市不多见的创新。

(1) 基础地理数据增量更新

基于规划管理成果的城市基础地形数据的更新策略就是从建设项目的起点一规划审批(用地红线划拨、修建性详细规划审批和建筑放线)和终点一竣工验收(竣工测量)入手实施地形图的增量更新。数据增量更新是一个复杂的过程,用规划验收或地形图修补测成果去替换数据库中的地形数据,需要确定变更范围和图层匹配,还需要处理要素接边等问题,即原要素在变更范围内被变更要素替换后,原要素的变更范围外的部分要与替换的变更要素接边形成一个完整的地理要素。自动接边配置包括线状要素接边和面状要素接边,对更新的城市基础数据应保证其精度要求,还应考虑到原要素与变更要素的属性匹配。

(2) 路网数据更新

目前城市建设发展速度快,控制性详细规划或者修建性详细规划审批都将对路网进行局部更新,需要将更新后的路网实时反映到办公系统中,作为各业务部门新的规划审批依据。××区对路网进行动态更新采用的策略是:首先,采用ArcToolBox将调整后最新的路网CAD数据转换为GIS数据格式文件;然后利用信息化平台的路网更新模块,用新的路网数据去替换数据库中旧的路网数据;替换的同时把旧的路网转移到历史库中,便于以后进行历史路网的查询。在办公系统端,不需要进行任何配置,就可以看到最新的路网。目前，在县（区）级城市的规划管理信息化中，还未见到进行路网更新的实际应用案例。

（3）历史数据的回溯机制

城市面貌随时间不断改变，相应的城市基础地理数据库中的内容也不断地变化。城乡规划建设过程中，有时需要再现某个区域在过去某个时间的历史状态，实现新旧数据的对比，因此城市基础地理信息系统应提供历史数据回溯的功能。从历史数据的组织关系到历史数据回溯的实现，好的数据组织机制一方面可以方便数据库管理员对历史数据进行管理，另一方面可以使数据用户快捷进行历史数据的回溯。

4.基于元胞自动机模型的三维虚拟城市构建

利用三维仿真模型，是××区应创建宜居城乡的要求，对城乡规划三维辅助审批过程的有益尝试。通过元胞实体的某种状态属性构建三维虚拟城市，土地利用类型确定建筑模型种类，建筑高度域值划定了相应高度值的建筑模型，通过随机选择一个模型作为元胞对应的建筑。坐标与高程属性确定模型的相应空间位置，时间属性可以获得三维模型在虚拟场景的显示时间。

主要过程是在三维地形上加载三维城市建筑，然后通过系统开发，构建三维虚拟城市，实现三维系统浏览、分析等功能。三维地形是虚拟城市的基本景观，元胞的空间位置必须能和三维地形一一对应。首先对地形图进行数字化处理，使用内插方法生成数字高程模型（Digital ElevationModel，DEM），选择德劳内三角剖分法（Delaunay Triangulation）进行地形模型三角化，生成相应的地形模型。然后确定数字正射影像图（Digital Orthophoto Map，DOM）数据与三维地形之间的映射关系。对 DEM 进行重采样，最后经过一系列影像色彩处理后，生成相应的基本地形纹理。三维建模的原理是现实建筑的三维可视化过程，即通过对世界坐标系中的三维物体进行几何变换、投影变换和视窗变换，从而在屏幕中得以显示。

基于三维可视化原理，以 Visual Studio2005（微软公司推出 Windows 平台应用程序开发环境）为开发平台，采用 VR（Virtual Reality，虚拟现实）与 CA（Cellular Automata，元胞自动机）紧密耦合方式开发元胞虚拟城市系统，实现CA模型演化、虚拟城市生成、三维漫游等功能。

5. 矢量—栅格透明化处理

在县（区）级城市中还未能实现土地利用总体规划与城市总体规划的"两规合"，如在项目规划选址时不充分考虑城市总体规划和土地利用总体规划的问题，将会使项目缺少可操作性而终止，或者迫使改变规划而迁就项目落户。因此，在项目选址时应将土地利用总体规划和各项城市规划成果叠加在一起判读，但是在显示技术实现上，叠在上方的总规图的背景色将底下的影像图挡住，影响了视觉效果。××区在系统开发过程中，采用调解阿尔法通道的方法实现透明化，可以对不同颜色的背景色进行透明化调节，提高透明化的适用性和可操作性。通过实实在在地进行用户需求整合，以如何将背景色透明化的问题作为切入点，把土地利用规划落实到城市规划图上，在实际规划管理的过程中实现科学选址和"两规合一"。

（三）××区规划管理信息系统建设的效果

1. 办公流程管理

在规划管理部门中，日常业务的文件、案卷需要批注、修改、审理，并在多个工作人员之间流转和传递。建设信息系统的目的就是按业务流程为工作人员提供信息工具。城市规划管理各类审批发证过程包括诸多工作环节，每一业务处室均需要调用上一个工作环节产生的有关工作表格、审批意见、工作图件，并要向下一个工作环节传递本工作环节产生的结果，甚至可能调用其他业务处室的有关资料。但目前这些表格、图件等资料主要靠人工传递或转发，借用、调用较为麻烦，信息变更难以做到及时或动态通报，这往往会影响审批发证的工作效率。××区规划管理信息系统采取工作流处理软件进行业务管理，该技术可以实现公文、案卷的自动流转、特殊流转、流程监控、会签流转、代理流转、督办、催办、查询、撤销、业务考核等功能。系统真正实现以工作流办公自动化技术为主线，以GIS技术为核心，从而实现整个规划管理工作的自动化。

2. 图、文、表一体化

基于Geodatabase和SDE的数据库管理和访问机制，将现有的图形数据与属性数据存储到相同的数据库中，达到既可以像查询属性数据一样查询空间数据，也可以进行图形属性的联合查询，实现图形属性的无缝集成，即图、文、表一体化。一体化建设不是采用一步到位、"大而全"系统的方式，而是通过"发现问题—解决问题—解决反馈—不断提升"的途径，使××区规划管理由传统模式逐渐向信息化模式过渡。

3. 有效的数据管理

引入"信息化测绘＋项目管理"模式解决了××区基础地理数据批量生产、快速入库、快速更新存在的问题以及总规图、控规图快速更新的问题，节约了数据生产和更新的成本；对空间数据采用覆盖全区、分层管理的方式，按照统一的坐标系统对地理实体要素进行分层叠加，按"数据库—子库—专题—层—要素及属性"的层次架构构建数据库，突破传统的以图幅为组织单位的方式，实现了数据在空间上的连续无缝；系统可以通过 SDE 访问数据库中的图形数据，也可以直接调入 ArcGIS 的 Shape、Coverage 格式文件，AutoCAD 的 Dwg、Dxf 格式文件以及影像数据，实现了多源异构数据的集成；系统为规划信息供需双方架构了一条通道，实现了基于网络的异质、异构数据的共享；通过身份鉴别、权限管理等方法确保数据的安全。

4. 灵活的查询、统计、分析方式

数据查询方面，根据查询内容为图形或属性分为图查属性、属性查图和属性对属性的查询 3 种方式；根据查询内容所表达的含义和查询内容的取值，可分为选择查询、模糊查询、组合查询、自定义查询和回溯查询 5 种方式。数据分析方面提供了距离量算，面积量算，缓冲区分析，图形数据的差、并、交、叠加等空间分析。统计分析方面，对属性及空间数据提供多种专题统计分析功能，并可以统计图表、统计专题图和报表 3 种形式表达。成果输出方面，系统可编辑、输出各种图形、统计结果、报表等。

二、基于地理信息系统的村镇公共管理服务平台

（一）平台设计的目标

村镇的基础信息、规划、建设、管理、决策过程具有明显的空间特性，

涉及各类现状、规划及专题图形。这要求村镇公共管理服务平台不同于一般的管理信息系统，要能实现空间数据和属性数据的双重管理。因此，借助地理信息系统技术，搭建地理公共服务平台的一个专项应用系统——村镇公共管理服务平台是最好的解决途径。村镇公共管理服务平台将村镇公共管理过程中所需要的基础地理、人口、建筑、地名地址、财务、医院、学校、消防、治安和其他专业管理信息输入计算机，能够实现从空间和属性两方面进行信息存储、查询、编辑、运算、模拟和预测，从而成为给村镇各级管理决策者提供快速、准确信息的一种应用系统。它的目标是实现各种属性数据与空间数据的一一对应，即实现图文一体化。除了具有传统的数据存储、查询、检索功能之外，还具有先进的空间分析、基于位置的服务等地理信息独有的功能，分析、利用与地理位置相关的各种信息，迅速揭示数据之间的关系以及易被忽视的数据模式，并将分析数据信息可视化，提供更好的决策和分析能力，帮助管理者进行直观、快速、有效的决策。最终使村镇公共管理成为基于地理（图形）信息进行的精细化管理、可视化管理。

（二）平台设计原则

村镇公共管理服务平台是一个基于地理（图形）信息的、面向基层管理的应用系统，因此应以"切合实际，简单易用，注重实效，面向应用"为指导思想。具体而言，村镇公共管理服务平台应注意以下设计原则。

1. 实用性

村镇公共管理服务平台在强调系统设计科学的基础上，应力求系统的实用性，系统的建设应以真正能够满足管理者需求、解决管理者的实际问题为目的。

2. 人性化

村镇公共管理服务平台应具有友好的人机交互界面，使使用者能很快进行系统的操作。

3. 规范性

村镇公共管理服务平台由于平台本质上是一个信息共享平台，如何有效管理各类数据、实现数据的融合就需要标准化和规范化的数据标准。

4. 经济性

村镇的经济实力有限，因此，在实现了系统应有功能的基础上，尽可能降低成本，如充分利用开源软件，减少投资。

5. 安全性

平台涉及大量基础地理数据和人口、治安等专业管理数据，因此，应保证系统绝对安全可靠，如通过账户管理。

（三）平台体系结构与数据库设计

1. 平台体系结构

村镇公共管理服务平台整个体系结构分为4层，在基础设施网络平台上，以数据为基础、以平台为纽带、以应用服务为目标。

（1）基础设施网络平台包括服务器、存储设备、网络交换机、路由器、政务网络、安全设备等基础硬件，操作系统、数据库管理系统等基础软件。

（2）数据层由空间数据库和属性数据库组成，并实行一体化管理。

（3）平台层负责连接底层数据库与上层应用服务层，提供资源服务、坐标系统、绘制服务、地图服务等API（Application Programming Interface，应用程序编程）接口，将客户端发出的数据访问请求在服务器端进行处理，并返回结果。具体包括空间数据管理系统、数据交换系统、信息服务系统、综合展示系统、运维管理系统等几大系统。

（4）应用服务层是直接面向用户的部分，包括住房建设管理、房屋出租与承租管理、人口管理、公共服务管理（学校、派出所、医院等）、产业（厂房）管理、财务管理、公共视频管理、村务党务管理和招商管理等。

2. 数据库设计

数据库是实现资源共享及综合管理的基础和前提，是平台建设的核心。村镇公共管理服务平台数据库由空间数据库和属性数据库组成。

（1）空间数据库

空间数据库主要包含3个方面的数据：一是地理空间基础数据库，为所有的信息融合提供基础地理框架，包括行政区划图、电子地图、地形图和各类影像数据。二是各类专题数据，以分层的形式提供给用户。有地名地址数据、路网数据、水系数据、农村建房数据、高压线网数据、文物保护数据及学校、派出所、医疗点等点状数据。三是规划数据，规划数据在村镇管理中具有重要作用，因此列出规划数据，主要包括建设用地数据、建筑放线验线数据、各类规划成果以及三旧改造数据。

（2）属性数据库

属性数据库主要指有关村镇人文、资源、经济、政策、社会等以文字、图片、多媒体等形式表达的信息。属性数据库中的人口基础数据在村镇公共管理中具有非常重要的作用。将人口信息与其他业务信息关联起来，对村镇公共管理具有重要意义。例如，将流动人口信息与出租屋信息关联，可以实现流动人员居住和分布情况的管理与分析，再通过在地图上定位房屋信息（房屋地籍图），就可以在地图上定位流动人口信息，从而更直观地实现流动人员分布与流动情况的展示与分析。将人口与计生信息关联起来，可以管理和分析流动人员和常住人员计划生育情况。将人口与宅基地的信息相关联，动态管理宅基地的分布与使用情况。属性数据主要通过普查和历史资料两种途径获得。针对普查获得的纸质表格数据，一般经过扫描、录入、导入几个步骤建立与空间数据的联系。

（四）平台功能体系

1. 平台基础功能

（1）数据的维护管理

平台可以兼容各种类型的数据，如 AutoCAD、Photoshop 等绘图软件的图形格式，还支持批量数据的导入与存储、数据的裁切与提取。还可进行信息查询、检索和定位，实现属性数据和空间数据的相互查询，平台支持多种关键字段名称查找并定位到地图，或从地图点击查询所需信息。

（2）数据编辑与处理

平台可进行数据量算、统计、分析、增减、编辑等。例如，地理坐标及投影变换，地图浏览，地图标注，图层管理，对图形进行面积、长度、周长量算，对属性数据进行统计分析。

（3）数据输出

平台能够将使用者查询或者分析的结果以合适的形式输出，即根据用户的需求输出统计图表、专题图、文本资料和图形、图像资料。

（4）数据更新与管理

数据更新与管理包括数据更新、缓存数据管理、元数据管理、符号管理、三维数据管理等。

（5）开放接口

平台设置开放接口便于叠加各类专业管理信息，进行系统的扩展应用。

除此之外，还实现了诸如系统管理、用户管理等功能。

2. 平台应用服务功能

（1）房屋管理

对农村房屋进行管理，包括房屋性质、房屋权属关系、空间位置、面积大小、房产证、土地使用证等的查询，并可以进行统计分析。尤其是出租屋的管理，在流动人口多的村镇具有重要意义。以新塘镇大敦村为例，可通过普查村镇的房屋出租与承租情况，按照地图上每栋房屋进行对应录入，并叠加大敦村分片区出租规划图（分为居住、工厂、商铺），方便出租屋登记备案、税费征收、居住证办理、计生服务，实现对出租屋及流动人口的"落地"管理。

（2）入口门牌管理

利用空间地图服务平台，将地址库门牌单独配置成一个门牌专题进行展示。该图层的功能需求为：查询定位，利用地址库的门牌搜索功能对门牌进行查询定位；查看人口情况，通过门牌与人口的关联关系查询某个门牌上的具体人口情况；空间人口区域统计，首先统计任意区域范围内的门牌情况，再通过门牌来寻找人口数据；图形报表功能，对统计出的人口数据里面的各种属性，如年龄、性别、户籍等信息做图形报表展示。

（3）宅基地管理

对农村宅基地进行管理，可对产权信息进行查询，包括宗地编号、土地位置、土地用途、土地面积、建筑面积、容积率、覆盖率、使用年期等信息，并可进行统计分析。

(4) 公共视频管理

村镇的治安视频布点建设完成后，利用地址库系统的空间地图服务平台，对空间视频点数据进行动态配置，将视频点按照安装的地点进行分类显示。整合××区治安视频监控系统，通过视频点的属性调用治安视频监控系统提供的实时监控页面进行实时视频监控。

(5) 地籍信息、土地利用规划图查询

对土地利用分类面积进行统计，输出构成分析表，同时对土地利用分类面积进行排序并输出排序分析表。包括按土地权属性质、土地使用者性质、土地来源性质对宗地数及土地面积进行统计，由系统自动输出权属信息统计表。

可以查询土地利用规划图，查看一个社区或类似范围内日后的发展所做的规划图，其中标明用于居住区、商业区、工业区、公共活动区或其他用途的土地的大小和位置。土地利用规划图常常是确定具体区划的基础。

(6) 历史报建资料、"三证一书"查询

平台的这一功能能够对历史报建资料进行查询。包括申请、申报表、项目建议书、可靠性研究报告、主管部门批准文件、用地规划许可证、土地批文或土地权属证明、地形图、用地控制线图、设计条件通知书、平面布置图、建筑单体立面图、剖面图、效果图等内容。

(7) 环境卫生管理

将大敦村进行网格化分区，并标注垃圾池、分类垃圾箱等环卫设施，使领导包片包点制度、环卫工环境卫生清扫保洁制度、管理巡查制度、工作岗位责任制度、门前卫生责任制度与实地一一对应，用信息化提高环境卫生管理水平。

(8) 市政设施管理

利用大敦村村庄规划和市政设施规划的资料，通过现场调查，在电子地图上标示各项市政设施管理（含国土红线控制、路基、路面、给水、排水、排洪、消防、路灯、绿化、视频抓拍、交通路线及标志标线等），实施村容村貌的维护。

三、城乡规划信息系统的设计与研究

（一）规划信息系统与办公一体化思路分析

1. 图形视图方式

主要定义了行政区划、路网、道路中心线、卫星影像等视图，用户可以直接选择相应的视图切换到图形系统中，系统自动调入相应的图形数据供用户查询分析。城乡规划管理信息系统的调图方式有红线登记、调现状图、调总规图和调用地红线4种。例如，调用地红线需要在地块入库时登记项目红线，进行图文关联。

2. 项目定位方式

根据选择项目关联的图形，直接显示定位到相应位置。

3. 图形文档方式

图形文档表现的是经办人员的工作方案或者结果。例如，经办人员绘制好红线图并整饬好后可以保存为图形文档（工作空间），信息中心直接根据图形文档打印出图；或者将图形分析结果保存为图形文档（工作空间），领导可以直接查看结果。图文结合显示和输出的内容包括图斑的符号化显示、标签显示等。

（二）系统设计

××区城乡规划管理信息系统主要由数据平台和相关的软件构成，包括4个数据库、3个应用子系统、2个管理子系统，共同构成一个完整的系统。

1. 按政府工作用途编制子系统

政府工作用途子系统具有管理和维护办公档案的基本功能。该子系统实现了档案信息的共享，满足了办公与对外档案信息的查询需要；提供了查询权限管理机制和其他安全保障机制；设置了自定义表单设计，用户可以半自主或者自主定制报表。

2. 规划报批、审核辅助子系统

规划报批、审核辅助子系统为规划审批工作提供了强大的信息支持，能

按照一定的工作流和权限设定,对报建项目的案件受理、审批、发证的全过程实现计算机信息管理,完成电子报批业务。包括业务等级、业务进度查看、业务流程制定以及办案人员情况查看等功能。

3. 公共地图信息服务子系统

公共地图信息服务子系统综合了应用基础城乡规划管理数据,利用相关的地图制图模型和方法,提高了应急工作用图的编制能力。主要功能包括用地红线图查询和编辑、地图浏览操作、图层管理、数据添加和地图打印等。

(三) 数据库设计

规划管理数据库存在两类数据,即空间数据和非空间数据。对空间数据的管理采用覆盖全区、分层管理方式,按照统一的坐标系统对地理实体要素进行分层叠加。

1. 规划管理数据库的建立

规划管理数据主要包括基础地理要素数据、地形图、用地红线、行政区划和卫片数据等。采用Oraclelog关系型数据库系统,利用ArcSDE空间数据引擎,从城乡规划原理出发、充分应用GIS技术、关系数据库技术、计算机及网络技术等,实现数据的高效存储和管理。该系统的功能主要是提取基础地理信息部分要素作为基础,结合总规、控规图,建成基于基础地理信息数据库的项目选址、用地审批、工程报建、规划验收办公自动化和公共规划信息查询服务系统。

2. 规划审批数据动态更新机制

规划审批数据是系统的核心,随着时间的变迁、城市的改造和新建等因素的变化而随时发生变化。不及时对系统的数据进行动态更新,数据将失去现势性和时效性。为了在系统中保持数据的动态性,××区城乡规划局建立了动态更新机制,一方面数据库要不断进行更新维护,以便正确反映不断变化发展的现实世界;另一方面系统也要有能力保存历史数据,并能在必要时恢复某一时段的规划审批信息,给出相应信息的变化情况。这样,经过多年或长期的数据动态更新便可以逐步完善规划审批资料,力求其达到现势性、动态性、准确性。

第六章　城乡规划的实施管理与监督

第一节　国土空间规划实施管理

一、依法进行城乡规划实施管理

（一）城乡规划实施管理基本原则

1. 法治化原则

对于城市、镇、乡和村庄规划区内的土地利用和各项建设活动，一定要依照有关规定进行规划实施管理，实现依法行政、依法办事、依法监督，纳入法治化的轨道。

2. 程序化原则

为使城乡规划实施管理能够遵循城乡发展和规划建设的客观规律，就必须按照科学合理的行政审批、许可、管理和监督程序来进行。

3. 协调原则

需要协调各有关方面的利益和要求，理顺各有关方面的关系，包括城乡规划主管部门与其他相关行政主管部门之间的业务关系，实现分工合作，协调配合，各负其责。

4. 公开化原则

行政权力公开透明运行是保证权力正确行使的重要环节。对于城乡规划实施管理来讲，不能例外。

5. 科学合理性原则

不能违背城乡建设和发展的客观规律办事，一定要从实际出发，实事求是，不能急功近利、盲目决策。

6. 服务性原则

城乡规划实施管理是一项政府职能，人民政府是为人民谋福利和为人民服务的。

(二) 城乡规划实施管理的依据

1. 城乡规划依据

城乡规划依据，主要包括市域国土空间规划、总体规划、专项规划、控制性详细规划、修建性详细规划、乡规划和村庄规划、近期建设规划、历史文化名城名镇名村保护规划、风景名胜区规划、地下空间开发与利用规划、自然资源主管部门提出的规划条件、经审定的建设工程设计方案的总平面图等，以及在规划实施过程中由自然资源主管部门核发的建设项目用地预审与选址意见书、建设用地规划许可证、建设工程规划许可证和乡村建设规划许可证等。

2. 法律规范与政策依据

各级人民政府为依法行政的需要，根据实际情况在本辖区范围内所依法治定的各项有关政策，同样是国土空间规划实施管理的依据。

3. 技术标准规范依据

编制国土空间规划必须遵守国家有关标准。在国土空间规划实施管理的过程中，国土空间规划的各项技术标准和技术规范，国家在城乡规划建设方面所制定的经济技术定额指标和经济技术规范，以及自然资源主管部门提出的经济技术要求等，理应是国土空间规划实施管理的依据。尤其是国土空间规划技术标准和技术规范中的强制性条文，必须严格遵守，不得突破和任意篡改。

二、国土空间规划实施机制

(一) 规范规划编制审批

1. "多规合一"

严格按照中央精神，依法依规编制和审批国土空间规划，不在国土空间规划体系之外另行编制审批新的土地利用总体规划、城市（镇）总体规划等空间规划，不再出台不符合新发展理念和"多规合一"要求的空间规划类标准规范。

2. "编""审"分离机制

建立健全国土空间规划"编""审"分离机制。规划编制实行编制单位终身负责制；规划审查应充分发挥规划委员会的作用，实行参编单位专家回避制度，推动开展第三方独立技术审查。

3. 遵守约束性指标及刚性管控要求

下级国土空间规划不得突破上级国土空间规划确定的约束性指标，不得违背上级国土空间规划的刚性管控要求。各地不得违反国土空间规划约束性指标和刚性管控要求审批其他各类规划，不得以其他规划替代国土空间规划作为各类开发保护建设活动的规划审批依据。

4. 严格实施

规划修改必须严格落实法定程序要求，深入调查研究，征求利害关系人意见，组织专家论证，实行集体决策。不得以城市设计、工程设计或建设方案等非法定方式擅自修改规划、违规变更规划条件。

(二) 国土空间规划的用途管制制度

健全用途管制制度，以国土空间规划为依据，对所有国土空间分区分类实施用途管制。在城镇开发边界内的建设，实行"详细规划＋规划许可"的管制方式；在城镇开发边界外的建设，按照主导用途分区，实行"详细规划＋规划许可"和"约束指标＋分区准入"的管制方式。对以国家公园为主体的自然保护地、重要海域和海岛、重要水源地、文物等实行特殊保护制度。因地制宜制定用途管制制度，为地方管理和创新活动留有空间。

（三）国土空间规划的全周期管理制度

1. 建立"一张图"

加快建立完善国土空间基础信息平台，形成国土空间规划"一张图"，作为统一国土空间用途管制、实施建设项目规划许可、强化规划实施监督的依据和支撑。不得擅自更改底图、数据，确保数据规范、上下贯通、图数一致。

2. 建立全流程留痕制度

建立规划编制、审批、修改和实施监督全程留痕制度，要在国土空间规划"一张图"实施监督信息系统中设置自动强制留痕功能；尚未建成系统的，必须落实人工留痕制度，确保规划管理行为全过程可回溯、可查询。

3. 监测评估预警

加强规划实施监测评估预警，按照"一年一体检、五年一评估"要求开展城市体检评估并提出改进规划管理意见，市县自然资源主管部门要适时向社会公开城市体检评估报告，省级自然资源主管部门要严格履行监督检查责任。

4. 纳入执法督察

将国土空间规划执行情况纳入自然资源执法督察内容，加强日常巡查和台账检查，做好批后监管。对新增违法违规建设"零容忍"，一经发现，及时严肃查处；对历史遗留问题全面梳理，依法依规分类加快处置。

实行规划全周期管理。加快建设国土空间规划实施监督信息系统，完善国土空间规划"一张图"，强化规划实施监督的依据和支撑。建立规划编制、审批、修改和实施监督全程留痕制度，规范数据归集、使用、更新，确保数据上下贯通、图数一致、规划管理行为全过程可回溯、可查询。

（四）动态评估预警和实施监管机制

1. 建立监测预警机制

依托国土空间基础信息平台和国土空间规划"一张图"实施监督信息系统，建立国土空间规划动态监测评估预警机制，上级自然资源主管部门要会同有关部门，依据城市总体规划确定的各项指标，组织对下级国土空间规划中各类管控边界、约束性指标等管控要求的落实情况进行监督检查，将国土空间规划执行情况纳入自然资源执法督察内容。健全资源环境承载能力监测预警长效机制，建立国土空间规划定期评估制度，结合国民经济社会发展实际和规划定期评估结果，对国土空间规划进行动态调整完善。

依据城市总体规划确定的各项指标，对国土空间开发保护利用进行动态监测，对突破刚性管控要求、约束性指标的风险及时预警，做到早发现、早研判、早解决。

2. 完善体检评估制度

建立"一年一体检、五年一评估"常态化规划实施评估工作制度。体检围绕国土空间规划年度实施的关键任务和核心问题进行分析评价，对重点指标的年度变化情况进行深入剖析，提出针对性的对策建议，作为制定下一年度规划实施计划的重要依据；评估针对五年期国土空间规划实施的总体情况进行全面评价和阶段性总结，对各项规划目标、指标和任务的完成情况进行整体把控，对未来发展趋势进行分析判断，提出下一阶段规划实施重点任务，作为编制国土空间近期规划的重要依据。

三、规划管理许可制度

（一）严格规划许可管理

坚持先规划、后建设。严格按照国土空间规划核发建设项目用地预审与选址意见书、建设用地规划许可证、建设工程规划许可证和乡村建设规划许可证。未取得规划许可，不得实施新建、改建、扩建工程。不得以集体讨论、会议决定等非法定方式替代规划许可、搞"特事特办"。

严格依据规划条件和建设工程规划许可证开展规划核实。规划核实必须两人以上现场审核并全过程记录，核实结果应及时公开，接受社会监督。无规划许可或违反规划许可的建设项目不得通过规划核实，不得组织竣工验收。

农村地区要有序推进"多规合一"的实用性村庄规划编制和规划用地"多审合一、多证合一"，加强用地审批和乡村建设规划许可管理，坚持农地农用。严禁借农用地流转、土地整治等名义违反规划搞非农建设、乱占耕地建房等，坚决杜绝集体土地失管失控现象。

（二）建设项目用地预审与选址意见书

1. 简化报件审批材料

各地要依据"多审合一、多证合一"改革要求，核发新版证书。对现有建设用地审批和城乡规划许可的办事指南、申请表单和申报材料清单进行清理，进一步简化和规范申报材料。除法定的批准文件和证书以外，地方自行设立的各类通知书、审查意见等一律取消。加快信息化建设，可以通过政府内部信息共享获得的有关文件、证书等材料，不得要求行政相对人提交；对行政相对人前期已提供且无变化的材料，不得要求重复提交。支持各地探索以互联网、手机 App 等方式，为行政相对人提供在线办理、进度查询和文书下载打印等服务。

2. 合并规划选址和用地预审

将建设项目选址意见书、建设项目用地预审意见合并，自然资源主管部门统一核发建设项目用地预审与选址意见书，不再单独核发建设项目选址意见书、建设项目用地预审意见。

3. 建设项目选址规划管理的概念与意义

（1）建设项目选址规划管理的概念

①建设项目选址规划管理

自然资源主管部门根据城乡规划及其有关法律法规对于按照国家规定需要有关部门进行批准或核准，以划拨方式取得国有土地使用权的建设项目，进行确认或选择，保证各项建设能够符合城乡规划的布局安排，核发建设项目用地预审与选址意见书的行政管理工作。

②建设项目

在一个总体设计或初步设计范围内，由一个或几个单项工程所组成，经济上实行统一核算，行政上实行统一管理的建设单位。一般以一个企业或联合企业、事业单位或独立工程作为一个建设项目计算。

③建设项目的投资主体

在计划经济体制下，主要是国家投资和企事业单位投资以及集体投资进行建设；在市场经济体制下，建设项目投资出现多元化的投资渠道，不仅国家、集体、个人都可以投资，而且港、澳、台地区以及国外投资者也可以投资进行建设。

（2）建设项目选址规划管理的意义

①统筹建设

一方面可将各项建设的安排纳入城乡规划的轨道，使得单个建设项目的安排也能从城乡的全局和长远利益考虑，经济、合理地使用土地；另一方面亦可通过宏观管理，调整不合理的用地布局，改善城乡环境质量，从而为城乡经济社会发展和人民生活、生产提供比较理想的空间环境。

②便于管理

一是能够事先了解建设项目的性质、规模、类型、用地要求和对环境的影响程度，根据批准的城乡规划提出其选址布局是否符合规划的意见，从而使城乡规划实施管理能够处于比较主动的地位，而不是被动地接受和安排建设项目。

二是建设项目经有关部门批准或核准后，自然资源主管部门已经心中有数，有了思想和规划上的准备，有利于根据城乡规划要求对建设项目作出比较合理妥善的安排，为以后的建设用地规划管理和建设工程规划管理工作打下良好的基础。

4. 建设项目选址规划管理的任务

建设项目选址规划管理是自然资源主管部门行使城乡规划实施管理职责的第一步，是建设用地规划管理和建设工程规划管理的重要前提，它的主要任务是：

（1）保证建设项目的选址布局符合城乡规划

保证建设项目的选址布局能够符合城乡规划是建设项目可行性研究阶段不能或缺的重要条件，是有关部门审批或核准建设项目的必要依据。建设项目选址规划管理的中心任务，就是保证建设项目的选址布局符合城乡规划。

(2) 履行城乡规划的宏观调控职能

客观形势和现实需要，凡是以划拨方式提供国有土地使用权的须由有关部门批准或者核准的建设项目，都应当向自然资源主管部门申请核发建设项目用地预审与选址意见书，以便加强建设项目选址的规划管理，并通过建设项目选址规划管理加强政府对于经济社会发展和城乡发展建设的宏观调控能力。从这个意义上讲，实施建设项目选址规划管理的任务，就是在履行城乡规划所担负的宏观调控职能。

(3) 综合协调建设项目选址中的各种矛盾，促进建设项目前期工作顺利进行

一方面，有利于建设项目可行性研究报告编制得以更加科学、合理和切实可行，能够取得经济效益、社会效益、环境效益相统一，提高建设项目选址布局的综合效益；另一方面，能够促进自然资源主管部门所核发的建设项目用地预审与选址意见书的内容比较全面、充实和实事求是，提高建设项目选址规划管理水平。

5. 建设项目选址规划管理审核内容

(1) 建设项目的基本情况

主要是了解建设项目的名称、性质、建设规模、用地大小、供水和能源的需求量、采取的交通运输方式及其运输量、污水的排放方式及其污水量等，以便掌握该建设项目的基本情况，综合考虑建设项目选址的基本要求。

(2) 建设项目与城乡规划的协调

建设项目的选址布局要避开与建设项目的性质不符或不相容的现有或规划的城乡建设中必须保护的各项用地。

(3) 建设项目与相关设施的衔接与配合

建设项目的正常发展运行，一定要与城乡中的交通、能源、市政、信息、防灾等设施相衔接与配合。同时，一般建设项目尤其是大中型建设项目都有生活设施配套的要求，亦需要考虑建设项目配套的生活设施与城乡居住区及公共服务设施规划的衔接与协调。

（4）建设项目与周围环境的和谐

建设项目的选址布局不能造成对城乡环境的污染和破坏，应当与环境保护规划相协调。

6. 建设项目选址规划管理的程序

（1）申请

以划拨方式提供国有土地使用权（主要是公益事业项目）的，建设单位在报送有关部门批准或者核准前，应当向省级、城市、县人民政府自然资源主管部门提出书面申请，填写建设项目用地预审与选址意见书申请表，以便自然资源主管部门依法进行审核。

（2）审核

自然资源主管部门收到建设单位提出的建设项目用地预审与选址意见书的申请之后，应在法定的时间内对其申请进行审核。

①程序性审核

审核建设单位是否符合法定资格，申请事项是否符合法定程序和法定形式，申请表及其所附图纸、资料是否完备和符合要求等。

②实质性审核

根据有关法律规范和依法治定的城乡规划要求，对所申请的建设项目选址提出审核意见。

（三）建设用地规划许可证

1. 合并建设用地规划许可和用地批准

将建设用地规划许可证、建设用地批准书合并，自然资源主管部门统一核发新的建设用地规划许可证，不再单独核发建设用地批准书。

2. 建设用地规划管理的概念

（1）建设用地规划管理：是指自然资源主管部门根据城乡规划及其有关法律法规对于在城市、镇规划区内建设项目用地提供规划条件，确定建设用地定点位置、面积、范围、审核建设工程总平面，核发建设用地规划许可证等进行各项行政管理并依法实施行政许可工作的总称。

（2）建设用地：是指当前建设的建设用地，即建设项目获得国有土地使用权后向自然资源主管部门申请规划许可的建设用地，"自然资源主管部门不得在城乡规划确定的建设用地范围以外作出规划许可。"该建设用地指现有的建设用地和规划的建设用地。

3. 建设用地规划管理的任务

建设用地规划管理是实施城乡规划的基石，是城乡规划实施管理的基本任务和核心内容。它的主要任务是：

（1）有效控制各项建设合理使用规划区内的土地，保障规划实施；

（2）节约建设用地，保护耕地，促进城乡统筹和协调发展；

（3）综合协调各方面关系，提高建设用地的经济、社会与环境的综合效益；

（4）依法调整规划中存在的问题，不断完善和深化城乡规划。

4. 建设用地规划管理的审核内容

根据法律规定，划分为以划拨方式提供国有土地使用权的建设项目与以出让方式提供国有土地使用权的建设项目分别对待的审核内容。

（1）划拨用地审核内容

在城市、镇规划区内的划拨方式提供国有土地使用权的建设项目，经有关部门批准、核准、备案后，建设单位应当向城市、县人民政府自然资源主管部门提出建设用地规划许可申请，由城市、县人民政府自然资源主管部门依据控制性详细规划核定建设用地的位置、面积、允许建设的范围，核发建设用地规划许可证。

（2）出让地块审核内容

①提供规划条件

在国有土地使用权出让前，城乡规划主管部门应当依据控制性详细规划，对出让地块的位置、面积、使用性质、开发强度、基础设施、公共设施的配置原则等相关控制指标和要求，提出规划条件，作为国有土地使用权出让合同的组成部分。

②审核建设用地申请条件

签订国有土地使用权出让合同后，建设单位应当持建设项目的批准、核准、备案文件和国有土地使用权出让合同，向城市、县人民政府自然资源主管部门申请领取建设用地规划许可证。自然资源主管部门应审查其各种条件、资料、图纸等是否完备，是否符合申请建设用地规划许可证的应有条件和要求。同时，对国有土地使用权出让合同中规定的规划条件进行核验，是否符合自然资源主管部门在地块出让前所提供的规划条件。

③审核建设工程总平面

根据经核验确认的国有土地使用权出让合同中所附的规划条件，审核建设用地的位置、面积及建设工程总平面图，确定建设用地范围以便核发建设用地规划许可证。建设单位在取得建设用地规划许可证之后，方可向有关部门申请办理土地权属证明。

5.建设用地规划管理的行政主体

（1）行政主体

城市、县人民政府自然资源主管部门。

（2）主要职责

①提供规划条件

市、县自然资源主管部门应在国有土地使用权出让前，依据城市、镇总体规划和控制性详细规划，结合该用地所处环境的客观条件要求及有关部门的意见，经过法定程序，提出出让地块的位置、使用性质、开发强度等规划条件。对于以划拨方式提供国有土地使用权的建设用地，在受理建设用地规划许可申请后，也应提出规划条件。

②受理建设用地申请

当划拨用地的建设项目经有关部门批准、核准、备案后，当出让地块的建设项目签订国有土地使用权出让合同后，市、县自然资源主管部门核查建设单位报送的有关各种文件、资料、图纸及其建设用地申请表等，决定是否受理建设用地规划许可的申请。

③审核建设用地项目

受理建设用地规划许可的申请后，市、县自然资源主管部门应依法在一定的时间内经过建设用地规划管理审查程序和工作制度，对建设用地项目的申请及有关事项、条件、内容等进行规划审核，提出规划审核结论。

④核发建设用地规划许可证

市、县自然资源主管部门对建设用地申请的事项、条件、内容和建设工程总平面图进行规划审核后，确认建设用地位置、面积、允许建设的范围和有关控制指标及要求，对于具备相关文件并且符合城乡规划的建设用地项目，核发建设用地规划许可证。对于不符合法定要求的建设用地项目，说明理由，给予书面答复。

（四）建设工程规划管理

1. 建设工程规划管理的概念

（1）建筑工程

以新建、扩建、改建的方式所进行的各类房屋建设工程，以及房屋建筑附属或单独使用的各类构筑物。

（2）道路交通工程

以新建、扩建、改建的方式所进行的城镇道路、桥梁、地铁、广场、停车场及其附属设施，以及对外公路交通、铁路、港口、机场及其附属设施。

（3）市政管线工程

以新建、扩建、改建的方式所进行的给水排水（雨水、污水）、电力通信、燃气热力、专用管线等建设工程及其附属设施。

（4）其他工程

环境工程、防灾工程等。

2. 建设工程规划管理的任务

（1）有效指导、调控并保证各类建设工程依照规划要求有序地进行建设

通过建设工程规划管理手段，有效地指导、调控并保证各类建设工程严格按照规划要求有序地进行建设，使之既能够满足建设工程使用的功能要求，又符合规划的要求，从而保障规划的实施。

（2）维护城镇社会的公共利益和建设单位与个人的合法权益

城乡规划具有公共政策属性，是从城镇发展的全局利益、长远利益、公共利益考虑的，通过建设工程规划管理，严格按照规划要求对各项建设工程

作出合理安排，就是履行维护公共利益和建设单位与个人合法权益的职责。

（3）改善城镇景观面貌，提高人居环境质量水平

建设工程规划管理的对象是各类建设工程，在建设工程规划管理过程中，通过审查修建性详细规划和建设工程设计方案等，对影响城镇空间形态布局的各项指标要求的规划控制。

（4）综合协调各有关部门对建设工程的管理要求，促进建设工程顺利建设

建设工程规划管理担负的一个重要责任，就是依法征求并综合各有关部门对建设工程的管理意见和要求，必要时进行工作协调，使建设工程能够符合各有关部门的基础要求和城乡规划要求，从而促进建设工程在依法实施规划管理的前提下得以顺利进行建设。

3. 建设工程规划管理的审核内容

（1）审核建设工程申请条件

建设单位或者个人，申请办理建设工程规划许可证，应当提交使用土地的有关证明文件，包括建设项目批准、核准、备案文件，建设项目用地预审与选址意见书或国有土地使用权出让合同，建设工程总平面图和建设用地规划许可证以及土地权属证明文件等，填写建设工程申请表。

（2）审核修建性详细规划

审核修建性详细规划成为建设工程规划管理中的一个重要内容和环节。

城镇中的中心区、历史文化街区、重要的景观风貌区、重点发展建设区等重要地块地段，由自然资源主管部门和镇人民政府组织编制修建性详细规划，由城市、县人民政府审批。

另外一些可能涉及周边单位或者公众切身利益，必须进行严格控制的成片开发建设地段，则由自然资源主管部门决定可由建设单位编制，然后对其修建性详细规划进行审定。

需要建设单位编制修建性详细规划的建设项目，比如房地产商对居住区成片开发建设项目，由建设单位委托据有相应规划资质的规划编制单位编制完成修建性详细规划后，应当提交自然资源主管部门审定。

城市、县人民政府自然资源主管部门或者省、自治区、直辖市人民政府确定的镇人民政府应当依法将经审定的修建性详细规划予以公布。修建性详细规划的审定，是该规划中各项建设工程进行规划审批的前提条件和重要步骤。然后，按照工作进度，需分别对施工建设地块的建设工程依申请进行规划许可的审核。

（3）审定建设工程设计方案

建设单位或者个人，申请办理建设工程规划许可证，应当提交根据控制性详细规划、规划条件和经审定的修建性详细规划所编制的该建设工程的建设工程设计方案（提交2个以上的设计方案）。城市、县人民政府自然资源主管部门或者省、自治区、直辖市人民政府确定的镇人民政府依法对建设工程设计方案进行技术经济指标分析比较和方案选择，经一定工作程序审定建设工程设计方案和提出规划设计修改意见。

（4）审查工程设计图纸文件

建设单位或者个人提交经审定的建设工程设计方案所确定的建设工程总平面图，单体建筑设计的平、立、剖面图及基础图，地下室平面、剖面图等施工图纸，道路交通工程和市政管线工程应提交相应的设计图纸，以及有关文件，经审查批准后，核发建设工程规划许可证。

4. 建设工程规划管理的行政主体

建设工程规划管理的行政主体是城市、县人民政府城乡规划主管部门或者省、自治区、直辖市人民政府确定的镇人民政府。

（1）市、县城乡规划主管部门

①规划许可职权

城市、县人民政府城乡规划主管部门依法对该城市、镇规划区内进行建筑物、构筑物、道路、管线和其他工程建设实施建设工程规划管理职责，行使规划许可职权。

②规划条件予以核实

核发建设工程规划许可证并不意味着建设工程规划管理职责的终止，还必须包括对建设工程在建设过程中是否符合规划条件进行核查，经过规划核实后查实符合规划条件的才能组织竣工验收。

③报送有关竣工验收资料

竣工验收后，建设单位应依法在规定的时间内向城乡规划主管部门报送有关竣工验收资料，包括竣工图纸和必要的有关文件材料。

(2) 省级人民政府确定的镇人民政府

省、自治区、直辖市人民政府确定的镇人民政府也具有建设工程规划管理的权限，对在其镇的规划区范围内进行建筑物、构筑物、道路、管线和其他工程建设的依申请进行审核，核发建设工程规划许可证。该镇人民政府在实施建设工程规划管理过程中的职责，还包括依法将经审定的修建性详细规划、建设工程设计方案的总平面图予以公布。

不是所有的镇人民政府都具有建设工程规划管理的行政许可职能。省、自治区、直辖市人民政府确定能够行使建设工程规划管理权限的镇人民政府应具备的基本条件：

①非县人民政府所在地的建制镇；

②具有一定规模以上的重点建制镇；

③具备行使建设工程规划管理行政许可能力的建制镇等。具体由省、自治区、直辖市人民政府根据当地的实际情况和需要研究确定。

5. 建设工程规划管理的程序

建设工程规划管理的主要程序为申请程序、审核程序、核发建设工程规划许可证和竣工验收前的规划核实及报送竣工验收资料。

(1) 申请

提交文件：申请时，需要提交使用土地的有关证明文件，包括国有土地使用权出让合同、建设用地规划许可证、土地使用权属证书等。需要提交修建性详细规划和建设工程设计方案等。

建设工程设计方案审定后需提交文件：提交建设工程总平面图，单体建筑平、立、剖面图及基础图，地下室平、立、剖面图等施工图纸文件。道路交通和管线工程同样提交相应的工程设计图纸文件。此外，还应提供建设工程设计编制单位的资质证明材料等。

填写申请：具备申请条件的建设单位或者个人以书面方式提出申请，填写申请表格。

（2）审核

自然资源主管部门或者省级人民政府确定的镇人民政府受理建设工程办理规划许可证的申请后，先后进行程序性审核和实质性审核。

（3）核发建设工程划许可证

建设单位或者个人，只有在取得建设工程规划许可证和其他有关批准文件后，才可以申请办理建设工程开工手续。没有建设工程规划许可证的建设工程不得施工。

（4）竣工验收前的规划核实

建设工程施工后，到建设工程竣工验收前，县级以上地方人民政府城乡规划主管部门要按照国务院规定对建设工程是否按照建设工程规划许可证及其附件、附图确定的内容进行建设施工现场审核。

（5）竣工验收资料的报送

建设单位未在建设工程竣工验收后6个月内向城乡规划主管部门报送有关竣工验收资料的。

第二节 文化和自然遗产规划管理

一、我国历史文化遗产保护的基本概况

（一）历史文化遗产保护的重要意义

保护历史文化遗产，保持民族文化的传承，是连接民族情感纽带、增进民族团结和维护国家统一及社会稳定的重要文化基础，也是维护世界文化多样性和创造性，促进人类共同发展的前提。

历史文化遗产是不可再生的珍贵资源。由于过度开发和不合理利用，许多重要文化遗产消亡或失传。加强历史文化遗产保护刻不容缓，具有更加现实的紧迫性。

（二）历史文化遗产保护的成效与特征

1. 成效

全国重点文物保护单位增多，历史文化名城、历史文化名镇和历史文化名村增多，世界文化遗产增多。

2. 三大时代特征

①保护对象

由早期文物保护单位扩大到历史文化名城、街区和村镇，以及尚未列入不可移动文物的历史建筑；

②保护范围

由文物本体拓展到文物环境和历史文化名城、街区、村镇的整体格局与传统风貌；

③保护思路

出现了质的飞跃，开始将单一抢救性的静态式保护，转变为文化遗产保护与经济社会发展结合；并且逐步走出大规模旧城改造的误区，转向对历史文化街区和历史建筑实施保护整治，渐进更新，不断努力为其注入活力，促进其永续发展。

3. 历史文化遗产保护和城乡规划

历史文化遗产的概念具有更加宽广的涵盖性，不仅包括了历史文化名城、名镇、名村，而且还包括了其他城市、镇、乡和村庄规划区范围以内的世界文化遗产、文物保护单位、历史文化街区、历史建筑物和构筑物，以及非物质文化遗产。

历史文化遗产保护贯穿在城乡规划制定和实施的全过程，这就为我国历史文化遗产保护提供了重要保障和途径。

二、自然保护地体系规划

（一）划定自然保护地类型

1. 国家公园

指以保护具有国家代表性的自然生态系统为主要目的，实现自然资源科学保护和合理利用的特定陆域或海域，是我国自然生态系统中最重要、自然景观最独特、自然遗产最精华、生物多样性最富集的部分，保护范围大，生态过程完整，具有全球价值、国家象征，国民认同度高。

2. 自然保护区

指保护典型的自然生态系统、珍稀濒危野生动植物物种的天然集中分布区、有特殊意义的自然遗迹的区域。具有较大面积，确保主要保护对象安全，维持和恢复珍稀濒危野生动植物物种群数量及赖以生存的栖息环境。

3. 自然公园

指保护重要的自然生态系统、自然遗迹和自然景观，具有生态、观赏、文化和科学价值，可持续利用的区域。确保森林、海洋、湿地、水域、冰川、草原、生物等珍贵自然资源，以及所承载的景观、地质地貌和文化多样性得到有效保护。包括森林公园、地质公园、海洋公园、湿地公园等各类自然公园。

(二) 建立统一规范高效的管理体制

1. 统一管理自然保护地

理顺现有各类自然保护地管理职能，提出自然保护地设立、晋（降）级、调整和退出规则，制定自然保护地政策、制度和标准规范，实行全过程统一管理。建立统一调查监测体系，建设智慧自然保护地，制定以生态资产和生态服务价值为核心的考核评估指标体系和办法。各地区各部门不得自行设立新的自然保护地类型。

2. 分级行使自然保护地管理职责

结合自然资源资产管理体制改革，构建自然保护地分级管理体制。按照生态系统重要程度，将国家公园等自然保护地分为中央直接管理、中央地方共同管理和地方管理3类，实行分级设立、分级管理。中央直接管理和中央地方共同管理的自然保护地由国家批准设立；地方管理的自然保护地由省级政府批准设立，管理主体由省级政府确定。探索公益治理、社区治理、共同治理等保护方式。

3. 合理调整自然保护地范围并勘界立标

制定自然保护地范围和区划调整办法，依规开展调整工作。制定自然保护地边界勘定方案、确认程序和标识系统，开展自然保护地勘界定标并建立矢量数据库，与生态保护红线衔接，在重要地段、重要部位设立界桩和标识牌。确因技术原因引起的数据、图件与现地不符等问题可以按管理程序一次性纠正。

4. 推进自然资源资产确权登记

进一步完善自然资源统一确权登记办法，每个自然保护地作为独立的登记单元，清晰界定区域内各类自然资源资产的产权主体，划清各类自然资源资产所有权、使用权的边界，明确各类自然资源资产的种类、面积和权属性质，逐步落实自然保护地内全民所有自然资源资产代行主体与权利内容，非全民所有自然资源资产实行协议管理。

5. 实行自然保护地差别化管控

根据各类自然保护地功能定位，既严格保护又便于基层操作，合理分区，实行差别化管控。国家公园和自然保护区实行分区管控，原则上核心保护区内禁止人为活动，一般控制区内限制人为活动。自然公园原则上按一般控制区管理，限制人为活动。结合历史遗留问题处理，分类分区制定管理规范。

三、风景名胜区资源保护

（一）风景名胜区的保护和利用

1. 风景名胜与风景名胜区

（1）风景名胜的内涵

人们总是把有文物古迹或者优美风景的名山大川称为风景胜地。风景名胜是和观赏游览紧密联系在一起，以景物环境作为历史文化的载体。

（2）风景名胜区法定概念

所谓风景名胜区，是指经过特别法定程序，由国家和地方政府批准设立的具有观赏、文化或者科学价值，自然景观、人文景观比较集中，环境优美,可供人们游览或者进行科学、文化活动的区域。

2. 风景名胜区功能及资源保护

(1) 风景名胜区主要功能

风景名胜区的主要功能在于保护生态、生物多样性与自然环境、文化遗产;发展休闲观光旅游和文化旅游;开展科研和文化教育活动;促进风景名胜所在地经济社会发展。

(2) 风景名胜区保护意义

风景名胜区作为国家重要的自然文化遗产和生物保护基地,在改善生态、保护资源、丰富群众文化生活等社会服务方面发挥着重要作用。

(二) 风景名胜区资源的监督管理

1. 风景名胜区管理基本原则

(1) 科学规划是风景名胜区管理的基本依据。风景名胜区规划是指导和驾驭整个风景名胜区保护、建设、管理的基本依据。

(2) 统一管理是风景名胜区管理的可靠保障。统一管理是指统一监督管理部门,建立统一的监督管理制度,明确主管部门和其他部门的责任分工,各司其职,各负其责,有效配合,通力协作。

(3) 严格保护是风景名胜区管理的强制要求。严格保护纳入风景名胜区管理的基本原则,是以行政法规对于风景名胜区内各项建设行为和相关活动进行规范的强制性要求。

(4) 永续利用是风景名胜区管理的根本目的。风景名胜区的一项主要功能在于根据其特点,通过对风景名胜资源的开发利用,在风景名胜区内发展旅游经济,开展游览观光和文化娱乐活动,满足人民群众的精神和文化需求,促进地方经济发展,提高公众的资源意识和环保意识。

2. 风景名胜区的设立与分级

风景名胜区是由国家认证登录,并受国家法律保护的特殊风景名胜资源区域。

(1) 风景名胜区设立原则

严格保护和合理利用风景名胜资源是我国设立风景名胜区的出发点和落

脚点，贯穿在风景名胜区发展的始终，是我国风景名胜区工作的根本任务。

新设立的风景名胜区与自然保护区不得重合或者交叉；已设立的风景名胜区与自然保护区重合或者交叉的，风景名胜区规划与自然保护区规划应当相协调。

（2）风景名胜区分级标准

①国家级风景名胜区

自然景观和人文景观能够反映重要自然变化过程和重大历史文化发展过程，基本处于自然状态或者保持历史原貌，具有国家代表性的，可以由省、自治区、直辖市人民政府提出申请，国务院建设主管部门会同国务院环境保护主管部门、林业主管部门、文物主管部门等有关部门组织论证，提出审查意见，报国务院批准公布，设立为国家级风景名胜区。

②省级风景名胜区

具有区域代表性的，可以由县级人民政府提出申请，省、自治区人民政府建设主管部门或者直辖市人民政府风景名胜区主管部门，会同其他有关部门组织论证，提出审查意见，报省、自治区、直辖市人民政府批准公布，设立为省级风景名胜区。

（3）风景名胜区的范围划定

①申请设立风景名胜区材料内容

A. 风景名胜资源的基本情况；

B. 拟设立风景名胜区的范围以及核心景区的范围；

C. 拟设立风景名胜区的性质和保护目标；

D. 拟设立风景名胜区的游览条件；

E. 与拟设立风景名胜区的土地、森林等自然资源和房屋等财产所有权人、使用权人协商的内容和结果。

②划定风景名胜区范围的原则

A. 自然与人文景观及其生态环境的完整性；

B. 历史文化与社会的连续性；

C. 地域单元和生态系统的相对独立性和完整性；

D. 保护、利用、管理的必要性和可行性以及兼顾与行政区划的协调一致性。

（4）风景名胜区与世界遗产

风景名胜区与世界遗产之间有着紧密的内在联系。世界遗产包括世界自然遗产和世界文化与自然双重遗产。从审美或科学角度看，具有突出的普遍价值，由物质和生物结构或这类结构群组成的自然面貌，并符合下列其中一项标准的，经联合国教科文组织世界遗产大会审议通过，可以列为世界自然遗产：

①从科学或保护角度看，具有突出的普遍价值的地质和自然地理结构，以及明确划为受威胁的动物和植物生境区；

②从科学、保护或自然美角度看，具有突出的普遍价值的天然名胜或明确划分的自然区域。

四、风景名胜区规划管理

（一）风景名胜区规划管理概述

规划管理的基本依据是风景名胜区总体规划与详细规划，也是做好风景名胜资源保护、利用和管理的重要基础。

1. 规划管理的目的和任务

（1）风景名胜区规划管理的目的

对风景名胜区依法实施规划管理，是加强风景名胜区保护的根本，目的在于有效保护生态、生物多样性和自然环境，永续利用风景名胜资源，服务当代，造福人类。这也是风景名胜区保护工作的出发点和归宿点，集中体现了各项保护工作和保护措施的绩效。

（2）风景名胜区规划管理的任务

风景名胜区规划管理的任务是根据可持续发展的原则，正确处理资源保护与开发利用的关系，采取行之有效的规划措施，对风景名胜区内各类建设活动依法实施规划管理，严格保护和合理利用风景名胜资源，促进我国经济社会又好又快地健康发展。

2. 风景名胜区规划管理的体制

对风景名胜区实行的是属地管理，由县级以上地方人民政府设立风景名胜区管理机构，负责风景名胜区的保护、利用和统一管理工作。国务院和省级人民政府相关职能部门按照规定的职责分工，负责业务指导和监督检查。

其中国务院建设主管部门负责全国风景名胜区规划管理方面的监督管理工作。国务院其他有关部门按照国务院规定的职责分工，负责风景名胜区的有关监督管理工作。省、自治区人民政府建设主管部门和直辖市人民政府风景名胜区主管部门，负责本行政区域内风景名胜区规划管理方面的监督管理工作。省、自治区、直辖市人民政府其他有关部门按照规定的职责分工，负责风景名胜区的有关监督管理工作。

（二）风景名胜区规划编制管理

1. 规划阶段及编制要求

（1）规划阶段

风景名胜区规划分为总体规划和详细规划两个阶段。风景名胜区应当自设立之日起2年内编制完成总体规划。总体规划的规划期一般为20年。

（2）编制要求

①对于组织编制主体，国家级风景名胜区规划由省、自治区人民政府建设主管部门或者直辖市人民政府风景名胜区主管部门组织编制。省级风景名胜区规划由县级人民政府组织编制。

②对于规划编制单位，编制风景名胜区规划，应当采用招标等公平竞争的方式选择具有相应资质等级的单位承担。

③对于规划审批主体，国家级风景名胜区的总体规划，由省、自治区、直辖市人民政府审查后，报国务院审批。国家级风景名胜区的详细规划，由省、自治区人民政府建设主管部门或者直辖市人民政府风景名胜区主管部门报国务院建设主管部门审批。省级风景名胜区的总体规划，由省、自治区、直辖市人民政府审批，报国务院建设主管部门备案。省级风景名胜区的详细规划，由省、自治区人民政府建设主管部门或者直辖市人民政府风景名胜区主管部门审批。

2．规划的原则和内容

（1）规划的原则

风景名胜区总体规划的编制应当体现人与自然和谐相处、区域协调发展和经济社会全面进步的要求，坚持保护优先、开发服从保护的原则，突出风景名胜资源的自然特性、文化内涵和地方特色。

（2）总体规划的内容

风景资源评价；生态资源保护措施、重大建设项目布局、开发利用强度；风景名胜区的功能结构和空间布局；禁止开发和限制开发的范围；风景名胜区的游客容量；有关专项规划。从这些内容可以清楚地看出，编制总体规划的重点在于体现保护优先、开发服从保护的原则。

（3）详细规划的内容

应当根据核心景区和其他景区的不同要求编制，确定基础设施、旅游设施、文化设施等建设项目的选址、布局与规模，并明确建设用地范围和规划设计条件。

3．修改规划的要求

风景名胜区总体规划的规划期届满前2年，规划的组织编制机关应当组织专家对规划进行评估，作出是否重新编制规划的决定。在新规划批准前，原规划继续有效。

经批准的风景名胜区规划不得擅自修改。确需对风景名胜区总体规划中的风景名胜区范围、性质、保护目标、生态资源保护措施、重大建设项目布局、开发利用强度以及风景名胜区的功能结构、空间布局、游客容量进行修改的，应当报原审批机关批准；对其他内容进行修改的，应当报原审批机关备案。

风景名胜区详细规划确需修改的，应当报原审批机关批准。

（三）风景名胜区规划实施管理

1．风景名胜区规划措施

（1）严格禁止的行为

①风景名胜区规划未经批准的，不得在风景名胜区内进行各类建设

活动。

②四类活动属于禁止范围：一是开山、采石、开矿、开荒、修坟立碑等破坏景观、植被和地形地貌的活动；二是修建储存爆炸性、易燃性、放射性、毒害性、腐蚀性物品的设施；三是在景物或者设施上刻划、涂污；四是乱扔垃圾。

③禁止违反风景名胜区规划，在风景名胜区内设立各类开发区和在核心景区内建设宾馆、招待所、培训中心、疗养院以及与风景名胜资源保护无关的其他建筑物；已经建设的，应当按照风景名胜区规划，逐步迁出。

④风景名胜区管理机构不得从事以营利为目的的经营活动，不得将规划、管理和监督等行政管理职能委托给企业或者个人行使。

（2）严格控制的行为

①在风景名胜区内从事上述禁止范围以外的建设活动，应当经风景名胜区管理机构审核后，依照法律、法规的规定办理审批手续。

②在风景名胜区内进行下列活动，应当经风景名胜区管理机构审核后，依照有关法律、法规的规定报有关主管部门批准：这些活动包括设置、张贴商业广告；举办大型游乐等活动；改变水资源、水环境自然状态的活动；其他影响生态和景观的活动。

③风景名胜区内的建设项目应当符合风景名胜区规划，并与景观相协调，不得破坏景观、污染环境、妨碍游览。在风景名胜区内进行建设活动的，建设单位、施工单位应当制定污染防治和水土保持方案，并采取有效措施，保护好周围景物、水体、林草植被、野生动物资源和地形地貌。

2. 风景名胜区规划监督

（1）风景名胜区监督检查

风景名胜区监督检查是风景名胜区规划督察的重要方面，是风景名胜区管理机构对行政相对人，以及风景名胜区管理机构上级机关对该机构及其工作人员是否遵守相关法律法规的规定，所依法实施的强制性监督监察。其特征表现为一种具体行政行为；实施这种行为要以行政机关的名义；规划监督检查必须依法进行。

国家建立风景名胜区管理信息系统，对风景名胜区规划实施和资源保护情况进行动态监测。国家级风景名胜区所在地的风景名胜区管理机构应当每年向国务院建设主管部门报送风景名胜区规划实施和土地、森林等自然资源保护的情况；国务院建设主管部门应当将土地、森林等自然资源保护的情况，及时抄送国务院有关部门。

（2）风景名胜区法律责任

有下列行为之一的，由风景名胜区管理机构责令停止违法行为、恢复原状或者限期拆除，没收违法所得，并处50万元以上100万元以下的罚款：①在风景名胜区内进行开山、采石、开矿等破坏景观、植被、地形地貌的活动的；②在风景名胜区内修建储存爆炸性、易燃性、放射性、毒害性、腐蚀性物品的设施的；③在核心景区内建设宾馆、招待所、培训中心、疗养院以及与风景名胜资源保护无关的其他建筑物的。县级以上地方人民政府及其有关主管部门批准实施本条第一款规定的行为的，对直接负责的主管人员和其他直接责任人员依法给予降级或者撤职的处分；构成犯罪的，依法追究刑事责任。

在风景名胜区内从事禁止范围以外的建设活动，未经风景名胜区管理机构审核的，由风景名胜区管理机构责令停止建设、限期拆除，对个人处2万元以上5万元以下的罚款，对单位处20万元以上50万元以下的罚款。

在国家级风景名胜区内修建缆车、索道等重大建设工程，项目的选址方案未经省、自治区人民政府建设主管部门和直辖市人民政府风景名胜区主管部门核准，县级以上地方人民政府有关部门核发选址意见书的，对直接负责的主管人员和其他直接责任人员依法给予处分；构成犯罪的，依法追究刑事责任。

个人在风景名胜区内进行开荒、修坟立碑等破坏景观、植被、地形地貌的活动的，由风景名胜区管理机构责令停止违法行为、限期恢复原状或者采取其他补救措施，没收违法所得，并处1000元以上1万元以下的罚款。

在景物、设施上刻划、涂污或者在风景名胜区内乱扔垃圾的，由风景名胜区管理机构责令恢复原状或者采取其他补救措施，处50元的罚款；刻划、涂污或者以其他方式故意损坏国家保护的文物、名胜古迹的，按照治安管理处罚法的有关规定予以处罚；构成犯罪的，依法追究刑事责任。

未经风景名胜区管理机构审核，在风景名胜区内进行下列活动的，由风景名胜区管理机构责令停止违法行为、限期恢复原状或者采取其他补救措施，没收违法所得，并处 5 万元以上 10 万元以下的罚款；情节严重的，并处 10 万元以上 20 万元以下的罚款：①设置、张贴商业广告的；②举办大型游乐等活动的；③改变水资源、水环境自然状态的活动的；④其他影响生态和景观的活动。

施工单位在施工过程中，对周围景物、水体、林草植被、野生动物资源和地形地貌造成破坏的，由风景名胜区管理机构责令停止违法行为、限期恢复原状或者采取其他补救措施，并处 2 万元以上 10 万元以下的罚款；逾期未恢复原状或者采取有效措施的，由风景名胜区管理机构责令停止施工。

第三节 城乡规划的监督检查

一、城乡规划的法治监督

（一）权力机关的监督

对城乡规划的实施情况进行监督，成为各级人民代表大会履行监督职能的重要内容。

地方各级人民政府应当接受本级人民代表大会常务委员会或者乡、镇人民代表大会依法对城乡规划实施情况进行的其他方式的行政法治监督。

（二）行政自我监督

县级以上人民政府及其自然资源主管部门对下级政府及其自然资源主管部门执行城乡规划编制、审批、实施、修改的情况进行监督检查。即行政机关内部的层级监督。层级监督包括：

①上级政府自然资源主管部门对下级政府自然资源主管部门具体行政行为进行检查。

②上级政府自然资源主管部门对下级自然资源主管部门的制度建设情况进行检查，如规划行政许可程序是否合法，是否建立了规划公示制度，城乡规划是否实行集中统一管理等。

（三）社会监督

在城乡规划法中，明确规定了城乡规划公开制度和公众参与制度。

①在规划编制过程中，要求规划组织编制机关应当先将规划草案予以公告，并采取论证会、听证会或其他方式征求专家和公众意见。在报送规划审批材料时，应附具意见采纳情况及理由。

②规划实施阶段，要求自然资源主管部门应当将经审定的修建性详细规划、建设工程设计方案的总平面图予以公布。自然资源主管部门批准建设单位变更规划条件申请的，应当依法将变更后的规划条件公示。

③修改省域城镇体系规划、城市总体规划、镇总体规划时，组织编制机关应当组织有关部门和专家定期对规划实施情况进行评估，并采取论证会、听证会或者其他方式征求公众意见。在提出评估报告时，附具征求意见的情况。

④修改控制性详细规划、修建性详细规划和建设工程设计总平面图时，规划部门应当征求规划地段内利害关系人的意见。

⑤各单位和个人有查询规划和举报或者控告违反城乡规划行为的权利。

⑥进行城乡规划实施情况的监督后，监督检查情况和处理结果应当公开，供公众查阅和监督。

二、城乡规划的行政监督检查

（一）城乡规划行政监督检查的内涵与特征

1. 城乡规划行政监督检查的内涵

城乡规划行政监督检查，又称行政执法监督，是指自然资源主管部门依法对建设单位或者个人是否遵守城乡规划行政法律、法规或规划行政许可的实施所作的强制性检查的具体行政行为。

2. 城乡规划行政监督检查的特征

城乡规划行政监督检查直接影响行政相对方的权利和义务。其主要特征是：

（1）规划行政监督检查是自然资源主管部门的具体行政行为，它是以行政机关的名义进行的；

（2）规划行政监督检查是自然资源主管部门的强制性行政行为，不需要征得行政相对人的同意；

（3）规划行政监督检查必须依法进行。

（二）规划行政监督检查的内容

城乡规划行政监督检查，是对建设单位或者个人的建设活动是否符合城乡规划进行监督检查；并对违反城乡规划的行为进行查处。

县级以上人民政府规划主管部门对城乡规划实施情况进行监督检查。其内容包括：

①验证有关土地使用和建设申请的申报条件是否符合法定要求，有无弄虚作假。

②复验建设用地坐标、面积等与建设用地规划许可证的规定是否相符。

③对已领取建设工程规划许可证并放线的建设工程，履行验线手续，检查其坐标、标高、平面布局等是否与建设工程规划许可证相符。

④建设工程竣工验收之前，检查、核实有关建设工程是否符合规划条件。

（三）规划行政监督检查的原则

县级以上人民政府自然资源主管部门实施行政监督检查权，其基本前提是必须遵循依法行政的原则，具体内容包括：

1. 规划监督检查内容合法

规划监督检查内容合法即监督检查的内容必须是城乡规划法律、法规中规定的要求当事人遵守或执行的行为。

2. 规划监督检查的程序合法

城乡规划监督检查人员应依照法律、法规的要求和程序进行监督检查工作。在履行监督检查职责时应当出示统一制发的规划监督检查证件；城乡规划监督检查人员提出的建议或处理意见要符合法定程序。

3. 规划监督检查采取的措施合法

规划监督检查采取的措施合法即只能采取城乡规划法律、法规允许采取的措施。

（四）规划行政监督检查的实行

1. 监督检查的方法和措施

（1）要求有关单位和人员提供与监督事项有关的文件、资料，并进行复制。

（2）要求有关单位和人员就监督事项涉及的问题作出解释和说明，并根据需要进入现场进行勘测。

（3）责令有关单位和人员停止违反有关城乡规划法律、法规的行为。

2. 监督检查的人员、证件

（1）行政监督检查的人员必须要具备较高的政治素质和业务素质。

（2）要求规划工作人员要做到政务公开、依法行政，自觉接受群众监督。

（3）要加强对监督检查人员的培训与考核，对考核合格符合法定条件的，发给城乡规划监督检查证件，持证上岗。

（4）城乡规划监督检查证件是县级以上人民政府自然资源主管部门依法治发的，格式统一，是证明城乡规划监督检查人员身份和资格的证书。

3. 规划监督检查程序

（1）城乡规划监督检查人员在履行监督检查职责时，必须出示合法证件。

（2）实施监督检查时，监督检查人员应通知被检查人在场，检查必须公开进行。

（3）从检查开始到检查结束不能超过正常工作时间。

（4）检查人员应当对检查结果承担法律责任。

三、城乡规划的法律责任

（一）人民政府违反城乡规划法相关规定的行为及承担的法律责任

①依法应当编制城乡规划而未组织编制，或者未按法定程序编制、审批、修改城市规划的，由上级人民政府责令改正，通报批评；对有关人民政府负责人和其他责任人员依法给予处分。

②委托不具有相应资质等级的单位编制城乡规划的，由上级人民政府责令改正，通报批评；对有关人民政府负责人和其他责任人员依法给予处分。

（二）自然资源主管部门违反城乡规划法相关规定的行为及承担的法律责任

自然资源主管部门有下列行为之一的，由本级人民政府、上级人民政府自然资源主管部门或者监察机关依据其职权责令改正，通报批评；对直接负责的主管人员和其他直接责任人员依法给予处分。

①未依法组织编制城市的控制性详细规划、县人民政府所在地镇的控制性详细规划的；

②超越职权或者对不符合法定条件的申请人核发建设项目用地预审与选址意见书、建设用地规划许可证、建设工程规划许可证、乡村建设规划许可证的；

③对符合法定条件的申请人未在法定期限内核发建设项目用地预审与选址意见书、建设用地规划许可证、建设工程规划许可证、乡村建设规划许可证的；

④未依法对经审定的修建性详细规划、建设工程设计方案的总平面图予以公布的；

⑤同意修改修建性详细规划、建设工程设计方案的总平面图前未采取听证会等形式听取利害关系人的意见的；

⑥发现未依法取得规划许可或者违反规划许可的规定在规划区内进行建设的行为，而不予查处或者接到举报后不依法处理的。

（三）相关行政部门违反城乡规划法相关规定的行为及承担的法律责任

县级以上人民政府有关部门有下列行为之一的，由本级人民政府或者上级人民政府有关部门责令改正，通报批评；对直接负责的主管人员和其他直接责任人员依法给予处分：

①对未依法取得建设项目用地预审与选址意见书的建设项目核发建设项目批准文件的。

②未依法在国有土地使用权出让合同中确定规划条件或者改变国有土地使用权出让合同中依法确定的规划条件的。

③对未依法取得建设用地规划许可证的建设单位划拨国有土地使用权的。

（四）城乡规划编制单位违反城乡规划法相关规定的行为及承担的法律责任

城乡规划编制单位有下列行为之一的，由所在地城市、县人民政府自然资源主管部门责令限期改正，处合同约定的规划编制费1倍以上2倍以下的罚款；情节严重的，责令停业整顿，由原发证机关降低资质等级或者吊销资质证书；造成损失的，依法承担赔偿责任：

①超越资质等级许可的范围承揽城乡规划编制工作的。

②违反国家有关标准编制城乡规划的。

未依法取得资质证书承揽城乡规划编制工作的，由县级以上地方人民政府自然资源主管部门责令停止违法行为，依照前款规定处以罚款；造成损失的，依法承担赔偿责任。

以欺骗手段取得资质证书承揽城乡规划编制工作的，由原发证机关吊销资质证书，依照前款规定处以罚款；造成损失的，依法承担赔偿责任。

城乡规划编制单位取得资质证书后，不再符合相应的资质条件的，由原发证机关责令限期改正；逾期不改正的，降低资质等级或者吊销资质证书。

（五）行政相对方违反城乡规划法相关规定的行为及承担的法律责任

①未取得建设工程规划许可证或者未按照建设工程规划许可证的规定进行建设的，由县级以上地方人民政府自然资源主管部门责令停止建设；尚可采取改正措施消除对规划实施的影响的，限期改正，处建设工程造价5%以上10%以下的罚款；无法采取改正措施消除影响的，限期拆除，不能拆除

的，没收实物或者违法收入，可以并处建设工程造价10%以下的罚款。

②建设单位或者个人有下列行为之一的，由所在地城市、县人民政府自然资源主管部门责令限期拆除，可以并处临时建设工程造价1倍以下的罚款：

A. 未经批准进行临时建设的；

B. 未按照批准内容进行临时建设的；

C. 临时建筑物、构筑物超过批准期限不拆除的。

③建设单位未在建设工程竣工验收后6个月内向自然资源主管部门报送有关竣工验收资料的，由所在地城市、县人民政府自然资源主管部门责令限期补报；逾期不补报的，处1万元以上5万元以下的罚款。

（六）乡村违法建设所应承担的法律责任

在乡、村庄规划区内未依法取得乡村建设规划许可证或者未按照乡村建设规划许可证的规定进行建设的，由乡、镇人民政府责令停止建设、限期改正；逾期不改正的，可以拆除。

（七）对违法建设的强制执行

自然资源主管部门作出责令停止建设或者限期拆除的决定后，当事人不停止建设或者逾期不拆除的，建设工程所在地县级以上地方人民政府可以责成有关部门采取查封施工现场、强制拆除等措施。

参考文献

[1] 宋进喜，史波．地理、环境与城乡规划学科史［M］．西安：西北大学出版社，2023.06．

[2] 刘勇．城乡基础设施规划［M］．重庆：重庆大学出版社，2023.03．

[3] 刘莉丹，李书琦，吕成钊．城乡规划理论探索与实践［M］．长春：吉林文史出版社，2023．

[4] 马晓甦．城乡规划需求分析与政策评价方法［M］．南京：东南大学出版社，2022.11．

[5] 陈金泉．城乡规划专业实践教程［M］．重庆：重庆大学出版社，2022.06．

[6] 顾康康，董冬，汪惠玲．城乡生态与环境规划［M］．南京：东南大学出版社，2022.11．

[7] 陈秋晓，沈晨莹，王彦春．城乡规划领域GIS应用教程［M］．杭州：浙江大学出版社，2022.01．

[8] 杨雅丽．城乡规划原理［M］．北京：中国计划出版社，2022.05．

[9] 陈斌．城乡规划与土地利用规划策略研究［M］．北京：中国原子能出版社，2022．

[10] 杜玉孝，冯国军，庄晓明．城市发展与城乡规划实践研究［M］．北京：中国商业出版社，2022．

[11] 陈志端，石炀，荣玥芳．城乡有机更新设计教学探索与实践［M］．武汉：华中科技大学出版社，2022.09．

［12］朱勍．简明城市规划原理第 2 版［M］．上海：同济大学出版社，2022.12.

［13］胡国渊，曾朝银，杨雪莲．城乡规划与给排水工程建设［M］．长春：吉林科学技术出版社，2021.08.

［14］闫欲晓．现代城乡规划设计与创新应用研究［M］．长春：吉林人民出版社，2021.09.

［15］秦春丽，孙士锋，胡勤虎．城乡规划与市政工程建设［M］．北京：中国商业出版社，2021.07.

［16］沈涛．城市发展研究与城乡规划建设管理［M］．哈尔滨：黑龙江教育出版社，2021.

［17］余侃华，谢更放，杨俊涛．城乡融合规划概论［M］．西安：西安交通大学出版社，2021.

［18］夏金伟．城乡土地空间生态规划与生态适宜性评价研究［M］．长春：东北师范大学出版社，2021.

［19］王克强，石忆邵，刘红梅．城市规划原理［M］．上海：上海财经大学出版社，2021.01.

［20］蒋雅君，郭春．城市地下空间规划与设计［M］．成都：西南交通大学出版社，2021.08.

［21］张妍．城乡协调发展与乡村振兴探索［M］．长春：吉林文史出版社，2021.08.

［22］史文正．城乡历史文化遗产的保护与开发［M］．吉林人民出版社，2021.07.

［23］韩秀茹，李娟宜．城乡规划设计基础［M］．重庆：重庆大学出版社，2020.11.

［24］刘润乾，王雨，史永功．城乡规划与林业生态建设［M］．哈尔滨：黑龙江美术出版社，2020.

［25］顾峰，李光绍，徐文洁．城乡空间规划与设计［M］．北京：中国建材工业出版社，2020.07.

[26] 李勤，郭平. 生态宜居村镇社区规划设计［M］. 武汉：华中科技大学出版社，2020.08.

[27] 刘冬. 城乡空间社会综合调查研究［M］. 北京：北京理工大学出版社，2020.03.

[28] 何杰，程海帆，王颖. 乡村规划概论［M］. 武汉：华中科技大学出版社，2020.09.

[29] 李勤，牛波，胡炘. 宜居园林式城镇规划设计［M］. 武汉：华中科技大学出版社，2020.01.

[30] 赵景伟，代朋，陈敏. 居住区规划设计［M］. 武汉：华中科技大学出版社，2020.01.

[31] 杜艮之. 大数据与城乡融合发展［M］. 长春：吉林人民出版社，2020.07.

[32] 韩波. 区域与城市规划的理论和方法［M］. 杭州：浙江大学出版社，2020.07.

[33] 彭震伟. 空间规划改革背景下的小城镇规划［M］. 上海：同济大学出版社，2020.12.